홈카페로 더 싸고 맛있게

커피
즐기는 비결

저 이종혁 안창현

초판 발행 2023년 3월 13일
지은이 이종혁 안창현
펴낸이 안창현 **펴낸곳** 코드미디어
북 디자인 Micky Ahn   **일러스트** 민혜정   **교정 교열** 민혜정
등록 2001년 3월 7일   **등록번호** 제 25100-2001-5호
주소 서울시 은평구 갈현로 318-1 1층   **전화** 02-6326-1402   **팩스** 02-388-1302
전자우편 codmedia@codmedia.com

ISBN 979-11-89690-91-5 13590

정가 18,000원

이 책의 판권은 지은이와 코드미디어에 있습니다.
잘못 만들어진 책은 교환해드립니다.

독자 여러분, 안녕하세요. 이종혁입니다.

오랫동안 바리스타로 활동하며, 맛있는 커피를 찾아 고객에게 소개하는 일부터 다양한 커피 강의를 통하여 제가 가진 지식을 나누는 일을 해왔습니다. 커피를 다루며 저는 한 잔의 커피가 얼마나 매력 있고 개성 넘치는 것인지 깨닫고 놀라곤 합니다. 커피가 만들어 지는 과정 역시 정말 놀랍고 흥미롭지요. 그리고 이러한 매력을 많은 사람이 경험해 보았으면 합니다.

최근에 홈카페 문화가 유행처럼 빠른 속도로 퍼지고 있습니다. 마치 몇 년 전 카페와 스페셜티 커피 문화가 폭발적으로 성장한 만큼요. 핸드드립, 캡슐커피 등 간단한 준비로 시작하시는 분들도 있고 카페에서 사용할 법한 전문 커피머신을 가져다 놓거나 더 나아가 로스팅까지 직접 하는 분들도 있죠. 홈카페를 시작하는 분들에게 도움이 될 수 있는 방법이 무엇일까 생각하는 중에 감사하게도 출간 제안이 왔고 출판사 대표님에도 커피전문가 만큼이나 관심과 지식을 갖춘 대표님과 책을 준비하게 되었습니다.

이 책은 딱딱한 교과서나 교재가 아닙니다. 커피를 처음 접하시는 분들이 다소 생소하고 어렵게 느껴질 수 있는 것들을 편안한 분위기의 카페에서 바리스타가 직접 이야기를 하듯 적었습니다. 커피에 대한 지식이 없으신 분들도 이 책을 차근차근 읽다 보면 커피에 대한 흥미가 생길 뿐만 아니라 본인의 취향에 맞는 커피, 즉 나만의 커피를 만나는 즐거움을 겪게 될 거예요.

이 책을 통해 커피를 알아가는 데 작은 도움이 되었으면 합니다. 나아가 책을 읽은 후 독자분들이 마시는 커피가 일상 속의 행복을 더해준다면 더욱 고맙고 보람될 것입니다.

2023년 3월
이종혁

추천사

커피는 이제 우리 생활에서 빼놓을 수 없는 식품이자 하나의 문화로 자리를 잡았다. 현대인들에게 커피는 하루의 아침의 시작이 되기도 하고, 식사 후 입을 달래주는 음료가 되기도 한다. 또한 졸음을 떨치기 위해 뇌를 각성시키기 위해서도 커피를 찾는다. 또 커피는 다른 사람과의 교류를 위한 수단으로도 중요한 역할을 하고 있다. 이종혁 대표의 오랜 기간 노력한 커피에 대한 지식을 통하여 맛있는 커피음료를 개발하고, 건강한 음료 문화를 만들어 가는 모든 노력이 이 한 권의 책에 담겨있네요. 앞으로도 계속해서 모든 사람들이 즐기는 기호 음료인 커피를 사랑받을 수 있도록 노력 부탁드립니다.

'홈카페', 내가 처음 홈카페를 시작했던 2010년에는 아주 생소한 단어였다. 하지만 10여 년이 지난 지금은 흔히 쓰고 말하는 단어가 되었다. 그만큼 커피는 현대인의 삶 깊숙이 자리 잡았다고 생각한다. 나 역시 홈카페라는 단어는 지난 내 10년의 삶에서 가장 중요한 주제 중 하나가 되었다. 지금이야 쌓인 시간만큼 홈카페에 필요한 지식들이 축적되어있지만 예전에 얕은 지식으로 인해 마주한 민망한 상황들을 떠올리면 나 혼자 부끄러워 웃음을 짓곤 한다. 우리가 알고 있는 유명한 문장, "지금 알고 있는 것들을 그때도 알고 있었더라면…" 홈카페 라이프를 영위하는 동안 수도 없이 떠올렸던 그 문장이었는데, 이번 이종혁 바리스타의 책을 읽으면서 또 한 번 이 문장이 살짝 변형되어 생각났다. "지금 읽고 있는 책을 그때에 읽었더라면…" 이 책이 모든 정답을 이야기한다고 할 수 없다. 하지만 분명 각자에게 맞고 어울리는 홈카페 라이프를 위해 좋은 가이드라인이 될 것이다. 요즘도 주

김광우 | 국제대학교 교수

변에는 홈카페를 어떻게 시작해야하는지 나에게 조언을 구하는 사람들이 있다. 이제 그들에게 홈카페에 있어 알면 좋을 것들을 효율적으로 소개해 줄 수 있겠다.

이종혁 바리스타는 커피, 그중에서도 라테 아트라는 분야를 접점으로 사제지간 관계로 시작된 인연입니다. 처음 만났을 때 팬이라고 쭈뼛쭈뼛 용기 내어 말을 건네던 순간이 기억에 남습니다. 인연이 된 지 약 8년, 세월이 지나고 어느덧 선배들을 따라가는 것뿐만 아니라 후배들의 길을 열어주는 역할을 톡톡히 해내는 사람이 되었지요. 어느 날 책을 준비한다는 소식을 들었습니다. 커피 업계에서 새로운 책이 출간되는 건 어렵고 흔히 있는 일이 아닙니다. 하지만 저자는 항상 여러 가지를 탐구하고 도전하는 자세로 지금껏 일을 해나아갔기에 이번에도 잘 해낼 것이라 믿어 의심치 않았습니다. 원고를 받고 책의 탄탄한 구성에 한 번 놀라고 입문자들의 눈높이에서 쉽게 설명해 주는 점에서 더 큰 놀라움을 느꼈습니다. 저도 다양한 커피 강의를 하며 이러한 형식의 책이 업계를 처음 접하시는 분들, 기존에 몸담고 있는 분들에게도 커다란 도움이 된다는 걸 알고 있었고 이런 책이 나왔으면 좋겠다고 생각했지요. 이 책의 저자와 출간을 진심으로 축하하고 응원하며 많은 분들에게 추천드립니다.

신문섭 | 일러스트레이터

최원재 | 바리스타

추천사

제가 커피를 처음 시작하던 즈음부터 바리스타로서 오랜 시간 함께 만나고 대회에서는 경쟁 상대가 되기도 하고, 함께 커피로 라테 아트로 많은 것을 나누었습니다.

뛰어난 라테 아트부터 본인만의 시그니처 메뉴들로 카페 창업까지, 많은 재능과 능력이 있는 친구라 늘 생각 해왔는데 이번에는 이렇게 홈카페를 위한 책까지 출간하는 걸 보니 역시라는 말이 떠오릅니다.

경험과 노하우가 많이 담긴 이 책이 한국을 시작으로 전 세계에 널리 알려졌으면 합니다.

홈카페를 꿈꾸는 누구나 이 책을 읽고 본인만의 색깔이 담긴 시그니처 커피 음료를 하나씩 개발하고 마실 수 있다면 얼마나 행복할까 하는 생각을 해봅니다.

세상 모든 분야에 유행이 있듯, 라테 아트에도 유행이 있습니다. 2015년쯤, 키가 크고, 라테 아트에 푹 빠져있던 한 바리스타는 모두가 유행을 따라 사용하던 도구와 반대로 혼자만의 도구로 반드시 라테 아트를 성공해낼 거라고 저에게 이야기했던 늦은 어느 날 밤을 여전히 저는 기억합니다. 그렇게 결국 해내는 모습을 보여주었고, 그 후에도 혼자만의 방식과 혼자만의 타이밍과 생각들로 바리스타로서, 대표로서, 크리에이터로서 이제는 작가로서 발을 내딛는 모습이 정말 멋지다는 생각을 하며 저 또한 영감을 받습니다.

홈카페의 다양한 분야에 관련해 누구나 쉽게 접근할 수 있도록 책을 썼다는 이야기를 듣고, 분명 자신만의 방식과 생각으로 이 책을 써 내려갔겠구나 하는 생각을 했습니다. 쉽게 커피를 접근하고 시작하고 싶은 모든 분들에게 이 책을 추천합니다. 이 책을 덮을 때 분명 한 손에 직접 내린 커피 한 잔이 들려있는 것을 발견하게 되실 거예요.

로라 (이영화) | (주)로앤엄 CEO

폴 (엄성진) | (주)로앤엄 CTO

차례

step 1

1	홈카페, 쉽지 않지만 재미있어요	24
2	홈카페 방향을 이렇게 잡아 보세요	26
3	커피의 기원을 알아봐요	32
4	커피 원두 재료인 생두는 이렇게 만들어져요	34
5	커피가 만들어지는 과정 살펴봐요	38
6	생두를 로스팅해서 원두를 만들어요	40
7	로스팅 강도에 따라 맛이 달라져요	44
8	커피의 유명한 3대 품종 알아봐요	48
9	생두에도 등급이 있어요	50
10	커피의 맛과 향을 이렇게 표현해봐요	54
11	커피 유명 생산지를 알아봐요	57
12	좋은 원두 확인하는 방법 알아봐요	62
13	원두 잘 보관하세요	65

step 2

14	원두를 블렌딩해서 훌륭한 커피를 만들어요	70
15	카페인이 없는 디카페인 커피는 어떻게 만들어지나요	73
16	커피는 원두를 갈아서 사용해요	75
17	수동 그라인더에 대해 알아봐요	78
18	자동 그라인더에 대해서 알아봐요	81
19	그라인더 구매 시 요건 확인하세요	86
20	침출식 커피 추출 기기를 알아봐요	90
21	모카포트로 에스프레소 커피를 만들어 봐요	96
22	캡슐 커피머신을 살펴봐요	100
23	브루잉 커피에 대해서 알아봐요	104
24	전자동 커피머신에 대해서 알아봐요	110
25	수동 커피머신에 대해서 알아봐요	116
26	반자동 커피머신에 대해서 알아봐요	118
27	반자동 커피머신 어떤 걸 선택해야 하나요	120
28	바스켓을 담는 포타필터를 살펴봐요	130
29	원두 파우더를 담는 바스켓에 대해서 알아봐요	134
30	원두에 물을 뿌려 주는 샤워스크린에 대해서 알아봐요	138
31	반자동 커피머신 구조와 동작 과정을 살펴봐요	142
32	에스프레소에서 원두를 담는 도징 기술을 알아봐요	146
33	도징에 필요한 장비 알아봐요	149
34	에스프레소의 적정 추출 방법을 알아봐요	157
35	커피머신 청소하는 방법 알아봐요	161

step 3

36	원두 로스팅 준비물 살펴봐요	166
37	생두 구매하는 방법 알아봐요	168
38	생두에도 등급이 있어요	170
39	가정용 로스팅기를 살펴봐요	173
40	원두 로스팅 과정 살펴봐요	178
41	핸드픽에 대해서 알아봐요	184
42	그라인더로 드립용 원두를 분쇄해봐요	186
43	클레버 드리퍼로 커피를 추출해봐요	190
44	하리오 드리퍼로 커피를 추출해봐요	194
45	칼리타 드리퍼로 커피를 추출해봐요	197
46	고노 드리퍼로 커피를 추출해봐요	201
47	에스프레소 커피 추출에 필요한 장비 알아봐요	205
48	모카포트로 에스프레소 커피 추출해봐요	212
49	반자동 커피머신으로 에스프레소 커피 추출해 봐요	215
50	커피 추출 후 청소 이렇게 하세요	225
51	아메리카노 커피를 만들어 봐요	228
52	아이스 아메리카노 만들어봐요	230
53	우유 거품을 만들어 봐요	232
54	커피머신 스팀을 이용해 봐요	236
55	하트가 있는 카페라테 커피를 만들어 봐요	241
56	카푸치노 커피를 만들어 봐요	248
57	캐러멜 마키아토와 카페모카, 돌체라테 커피를 만들어 봐요	252
58	달콤한 아이스 커피를 만들어 봐요	255

Coffee Supplies

반자동 커피머신
에스프레소 커피를 추출하는 대표적인 커피머신

118p, 215p

자동 커피머신
원두 분쇄부터 추출까지 자동으로 실행하는 커피머신

110p

모카 포트
분쇄 원두와 물을 넣고 끓여서 추출하는 커피 장치

96p, 212p

포타필터와 바스켓
반자동 커피머신에서 분쇄 원두를 담고 커피를 추출할 때 사용하는 장치

130p

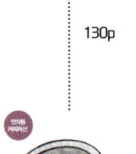

도징컵
그라인더로 분쇄된 커피를 담고 포타필터에 담을 때 사용하는 컵

149p

탬퍼
포타필터에 담긴 원두를 평탄하게 다져주고 밀집력을 높여주는 도구

154p

샷잔
반자동 커피머신으로 추출한 커피를 받을 때 사용하는 잔

208p

커피를 추출할 때 필요한 대표적인 장비에 대해서 알아보겠습니다. 커피 추출 방법을 반자동 커피머신, 자동 커피머신, 모카 포트, 프렌치 프레스, 브루잉으로 나누었고 추출 장비에 따른 전용 도구들을 표시하였습니다. 별도의 표시가 없는 경우는 공통적으로 사용하는 장비들입니다.

프렌치 프레스
커피 파우더에 뜨거운 물을 넣어 추출하는 장치. 우유 거품기로 사용되기도 함

94p

그라인더
원두를 커피 추출 용도에 맞게 분쇄해주는 장치

78p, 81p

원두
커피 추출에 사용하는 홀빈 원두 또는 분쇄 원두

57p

로스팅기
생두를 볶아서 원두를 만들 때 사용하는 장치

40p, 44p, 173p, 178p

쿨러
로스팅기로 볶은 원두를 식힐 때 사용하는 장치

167p

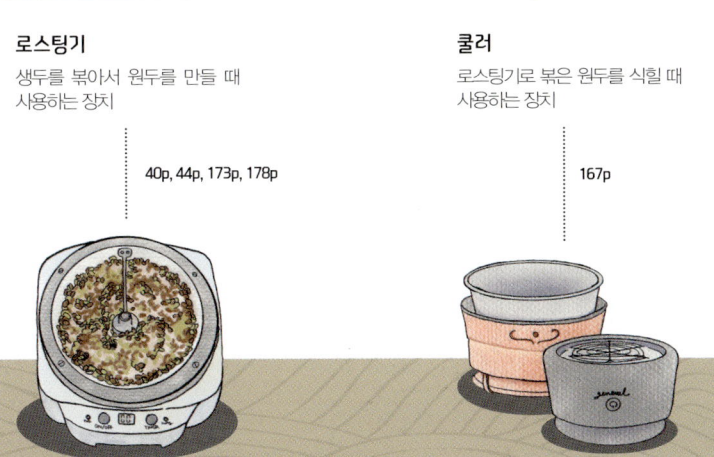

illustration by Min hye jeong

Coffee Supplies

전자 저울
원두를 분쇄할 때 원두의 양을 측정할 때 사용

207p

그룹헤드 솔
반자동 커피머신의 그룹헤드를 청소할 때 사용하는 솔

140p, 227p

삼발이
가스레인지에 모카 포트를 올려 놓을 때 사용하는 삼발이

98p

수동 거품기
우유를 넣고 손으로 펌핑하여 우유 거품을 만드는 도구

206p, 232p

전동 거품기
우유를 전동으로 휘저어 거품을 만들어 주는 장치

206p, 234p

자동 우유 거품기
우유만 넣으면 자동으로 거품을 만들어주는 장치

235p

커피 포트
뜨거운 물을 받아 드립할 때 사용하는 포트

종이 필터
분쇄 원두를 걸러주는 필터

드리퍼
커피 침출물을 모아서 추출해주는 장치

서버
추출된 커피를 받아주는 용기

106p
190p
194p
197p
201p

illustration by Min hye-jeong

My Home Cafe

문섭 님 홈카페
❶ 커피머신 : 브레빌 BES990 | ❷ 그라인더 : 브레빌 BCG800 | ❸ 드립포트 : 펠로우 스태그 EKG
❹ 그라인더 : 펠로우 ODE

에스프레소와 브루잉 커피를 모두 만들 경우 원두 분쇄 크기가 다르기 때문에 에스프레소용 그라인더와 브루잉용 그라인더를 따로 준비하는 것이 편리합니다.

애즈체커 님 홈카페
❶ 커피머신 : CRM 3605 | ❷ 그라인더 : 바리아 VS3

굿다 님 홈카페
❶ 그라인더 : 바라짜 엔코 | ❷ 드립포트 : 펠로우 스태그 EKG

김영현 님 홈카페
❶ 커피머신 : 로켓 모짜피아토 그로노메트로 R | ❷ 그라인더 : 유레카 올림푸스

공돌이커린이 님 홈카페
❶ 커피머신 : CREM ONE | ❷ 그라인더 : DF64

노유민 님 홈카페

위쪽 ❶ 커피머신 : 엘로치오 마누스 v2 | ❷ 그라인더 : Df64 | ❸ 수동 커피머신 : 레버프레소, ❹ Rok gc mano | ❺ 그라인더 : ltop40 | ❻ 커피머신 : CRM3605 | ❼ 그라인더 : 바라짜 엔코 | ❽ 커피머신 : 가찌아 클래식 프로

아래쪽 ❶ 커피머신 : 로켓 R9one | ❷ 그라인더 : 카멜 전동킷(코만단테 핸드밀) | ❸ 자동 탬퍼 : 콤팍 큐브

나에게 맞는 커피머신은?

| CRM3605, 바라짜 엔코

| 엘로치오 마누스 V2, 체아도 E37S

에스프레소를 추출하는 대표적인 장비는 반자동 커피머신입니다. 그리고 이 장비를 사용하려면 원두를 반자동 커피머신에 맞게 곱게 분쇄할 수 있는 그라인더도 필요하답니다. 이 두 가지 장비가 홈카페를 차릴 때 가장 비용이 많이 들지요. 가격은 각각 10만 원대 부터 수백만 원을 호가한답니다.

처음 홈카페에 입문할 때는 고급형보다는 보급형으로 시작해서 익히는 것이 좋아요. 추천 제품으로는 가격대 성능비로 우수한 CRM3605 커피머신과 바라짜 엔코의 그라인더가 입문하기에 좋아요. 쇼핑몰마다 가격 변동이 심한데 각각 10~20만 원대로 구매가 가능하답니다.

100만 원대로 홈카페를 맞추고 싶다면 커피머신에 투자하기보다는 그라인더를 업그레이드하는 것이 좋아요. 미뇽 스페셜리타, 어바닉 080, 바라짜 세테 등의 그라인더를 추천할 수 있어요. 좀 더 투자할 수 있다면 바라짜 포르테, 니체 제로, 체아도 E37S 등도 좋은 선택일 수 있답니다. 아니면 커피머신과 그라인더가 함께 달려 있는 브레빌 BE 870 시리즈도 100만 원대 전후에서 생각해 볼 수 있는 제품입니다.
그 이상의 가격대로 올라가면 본격적으로 커피머신을 업그레이드하면 좋아요. 100만 원대의 엘로치오 마누스, 란실리오 실비아, WPM KD-310 등을 선택할 수 있답니다.

모든 장비들이 그렇듯이 커피 관련 제품도 저렴한 제품부터 고급 제품까지 다양합니다. 당연히 고급 제품일수록 다양한 작업도 할 수 있고 좋은 품질을 뽑을 수 있지만 그렇다고 고급 제품을 사용한다고 그만큼 커피도 고급스러워지는 것은 결코 아니에요. 보급형 제품으로도 충분히 훌륭한 커피를 뽑을 수 있으니 보급형으로 커피 추출을 익히고 여유가 있을 때 하나하나 업그레이드하는 게 좋아요.

반자동 커피머신 중심으로 알아봤는데 편리함을 추구한다면 캡슐 커피나 전자동커피머신도 괜찮은 선택지일 수 있어요. 캡슐 커피는 네스카페나 일리 제품을 선택하면 되고 가격은 10~20만 원대이면 장만할 수 있어요. 전자동 커피머신은 필립스 1000~3000 시리즈, 드롱기 디나미카, 가찌아 브레라 등의 제품들이 있으며 가격은 저렴한 것은 30만 원대부터 100만 원 이내 가격대를 형성하고 있답니다.

step 1

커피를 만들기 전에 알아두어야 할 기본 상식에 대해서 알아보겠습니다.

1
홈카페,
쉽지 않지만 재미있어요

홈카페는 말 그대로 집에서 즐기는 카페를 말해요. 그렇다고 집에 커피 전문점에서 볼 수 있는 비싸 보이는 기기를 사 와서 카페처럼 꾸미는 것을 말하는 게 아니에요. 간단하게 모카포트나 핸드드립 장비를 이용해서 카페를 꾸밀 수도 있고 에스프레소를 즐기는 사람이라면 돈을 좀 더 들여서 가정용 커피머신을 장만해 꾸밀 수도 있지요. 홈카페는 단순히 장비를 들이는 것이 아니라 집에서 나만의 커피를 만드는 일과 커피를 즐기는 공간을 꾸미는 일 모두를 뜻해요.

홈카페, 당연히 고가의 장비를 들여 놓으면 더 좋겠지만 처음부터 비용을 들여 꾸미기보다 소소하게 시작해 커피를 즐기는 것이 좋아요. 왜냐면 커피를 모르는 상태에서 시작하면 내가 어떤 커피를 선호하는지 알기 어렵기 때문이에요. 처음에는 이것저것 도전해 보면서 하나하나 배워 보세요. 그리고 나만의 커피 스타일을 찾아 제대로 홈카페를 꾸미기를 권장합니다.

커피 용품에도 고급형이 있어요. 몇천 원이면 살 수 있는 제품도 몇십만 원 하는 고급 제품도 있답니다. 굳이 처음부터 비싼 고급형을 선호하지 마세요. 사용자 평가가 호의적인 저렴한 제품으로 시작해도 충분하답니다. 그리고 커피 기술이 좋아질수록 이에 맞춰 제품을 업그레이드하는 것도 쏠쏠한 재미예요. 장비로 플렉스하지 말고 즐거움 자체에 플렉스하세요.

그리고 커피를 만드는 것은 생각보다 까다롭고 정성을 들여야 하는 일이에요. 자판기 커피처럼 간단하게 버튼만 눌러 커피를 추출하는 걸 상상하면 안 돼요. 어떤 때는 '커피 한 잔을 마시려고 이렇게 시간과 노력을 투자해야 하나?'라는 생각이 들 수도 있어요. 하지만 커피를 배우면 배울수록 커피가 얼마나 심오하고 배울 게 많은지 알게 될 거예요.

누가 어떻게 추출하는가에 따라 같은 원두에서도 다른 맛을 뽑을 수 있어요. 그리고 이제까지 커피숍에서 마셨던 커피가 커피의 전부가 아니라는 것도 알게 되죠. 홈카페를 만들어서 제대로 세팅한 후 첫 커피를 마시는 순간 '와, 이게 커피구나!'라고 놀라는 스스로의 모습을 보게 될 거예요.

자, 이제 작게라도 여러분만의 홈카페를 열어 볼 마음 준비가 되셨나요?

2
홈카페 방향을
이렇게 잡아 보세요

#드립 커피 #모카포트 #콜드브루 #에스프레소

홈카페를 본격적으로 시작하기 전에 먼저 나만의 홈카페는 어떤 성격을 띠고 있는지 파악하는 단계가 필요해요. 커피는 종류에 따라 크게 4가지로 나눌 수 있는데, 저마다 고유한 특징이 있고 준비해야 할 사항이 다르거든요. 각각의 특징에 대해서 살펴보고 나면 홈카페 방향성이 잡힐 거예요.

드립 커피

드라마나 영화에서 주인공이 커피 포트로 멋들어지게 물을 따라서 커피를 만드는 장면을 한 번쯤은 본 적 있을 거예요. 이렇듯 뜨거운 물을 부어서 커피를 추출하는 방식을 드립 커피라

고 해요. 드립 커피는 값비싼 장비가 거의 필요 없어요. 물을 붓는 커피 포트와 커피를 추출하는 드리퍼, 드립 필터, 그리고 원두를 갈아주는 그라인더만 있으면 돼요.

드립 커피의 매력은 물을 어떤 방식으로 어떻게 붓느냐에 따라 커피 맛이 달라진다는 점이에요. 그래서 드립에 대한 공부와 연습이 필요해요. 노력한 것만큼 맛있는 커피가 만들어지고요. 하나하나 배워 가다보면 어느덧 드립 커피에 푹 빠지게 된답니다. 그리고 장비를 갖추는 데 드는 비용이 상대적으로 저렴하기 때문에 홈카페에 입문하는 사람들에게 적합한 방법이라 생각합니다.

드립 커피도 단점은 있어요. 드립 커피는 한 잔 한 잔 따르는 방식이라 시간이 걸리기 때문에 한 번에 많은 잔을 만들기엔 어려움이 있을 수 있어요. 그럼에도 불구하고 일반적인 커피전문점의 진하게 농축된 에스프레소가 아닌 마시기 편한 농도로 맞춰진 드립 커피는 나름의 매력이 있기 때문에 옛날부터 꾸준히 사랑받고 있답니다.

모카포트

모카포트는 작은 커피 포트처럼 생긴 에스프레소 추출 기구예요. 이탈리아에서는 누구나 하나쯤은 가지고 있다고 할 정도로 국민 에스프레소 기기로 취급되죠. 모카포트로 뽑은 커피는

드립 커피보다는 진하고 에스프레소보다는 연한 커피를 만들어 준답니다.

모카포트의 큰 장점은 그라인딩한 원두만 넣고 끓이기만 하면 뚝딱 커피를 만들어 준다는 점입니다. 여러가지 도구가 필요하지 않아 편리하죠. 저렴하기도 하고요. 그러나 모카포트는 에스프레소 수준의 진한 커피를 만들거나 다양한 맛의 커피를 만드는 데는 다소 한계가 있어요. 이렇듯 아쉬운 부분이 있지만 손쉽게 아메리카노 커피를 만들 수 있는 장점을 가진 모카포트로 시작해보는 것도 좋답니다.

콜드브루

콜드브루는 커피를 오랫동안 물과 접촉시켜 추출하는 방식을 말해요. 추출 시간이 제법 걸리기 때문에 미리 준비해서 추출해야 해요. 콜드브루 방식으로 추출된 커피는 따로 보관해 두다가 필요할 때마다 꺼내 마실 수 있어요. 콜드브루의 가장 큰 매력은 다른 커피보다 풍미를 오랜 시간 유지한다는 점이에요. 이 때문에 커피전문점에서도 인기가 많죠. 생각보다

장비도 비싸지 않고요. 그리고 매력적인 외관 디자인 덕분에 인테리어 효과도 낼 수 있지요. 집에서 직접 내린 콜드브루를 예쁜 패키지에 담아 사랑하는 주변 사람들에게 선물해 보는 건 어떨까요?

에스프레소

에스프레소는 커피머신을 이용하여 뽑는 진한 커피를 말해요. 커피를 추출할 때 높은 압력을 이용하기 때문에 압력을 만들어주는 전문 커피머신이 필요합니다. 그래서 다른 커피 제조 방법보다 장비를 구매할 때 드는 비용이 꽤 커요. 커피머신은 크게 수동, 자동, 반자동으로 나뉘는데 각각 사용 방법에 차이가 있어요.

전자동 커피머신은 별도의 용품도 필요 없고 사용도 간편한 반면, 수동이나 반자동 커피머신은 다양한 준비물이 필요하며 어떻게 추출하는가에 따라 아주 다양한 커피를 만들 수 있어요. 그만큼 어느 정도 커피에 대한 이해도 필요하답니다. 커피가 정말 재미있다는 것을 느끼게 해주는 방식이 아닐까 생각해요. 홈카페 이용자 중 대부분이 에스프레소를 선택하는 이유도 여기에 있어요.

전자동 커피머신을 이용하는 게 아니라면 커피머신과 원두를 분쇄하는 장비인 그라인더를 필수로 준비해야 해요. 문제는

커피머신과 그라인더의 구입 비용입니다. 보급형을 선택하면 20~30만 원대로 저렴하게 시작할 수도 있어요. 그러나 전문가용으로 올라가면 기백만 원이 훌쩍 넘어가기 때문에 어떻게 세팅하는가에 따라 금액이 상상 이상으로 뛰어 오르죠.

많은 전문가가 이구동성으로 하는 말이 있습니다. 분명 고가의 장비를 사용하면 좋은 커피를 만들 수 있지만 고가의 장비가 항상 훌륭한 커피를 추출하는 것은 아니라는 점입니다. 소소하게 시작해서 커피의 매력을 느껴보고, 필요에 따라 장비를 업그레이드하면서 커피 생활을 즐기는 것이 바람직한 길입니다.

앞에서 4가지의 방법을 소개했지만 대부분은 드립 커피와 에스프레소 커피로 시작해요. 드립 커피에서 시작해서 에스프레소로 넘어오는 사람들도 많고요. 물론 각각의 개성이 뚜렷하기 때문에 뭐가 더 좋다고 말하기 어렵습니다. 드립 커피는 손으로 직접 물줄기를 조절하며 추출해 각양각색의 향미를 즐길 수 있는 매력이 있고 에스프레소는 진하게 압축되어 강렬한 인상을 주는 매력을 가지고 있기 때문이지요.

그러니 자기에게 맞는 커피를 선택해서 소소하게 시작해 보세요. 그리고 다양하게 도전해 보세요. 여러분의 집에 커피향이 은은하게 풍기기 시작할 즈음 분명 커피의 매력에 푹 빠지게 될 거예요.

3 커피의 기원을 알아봐요

#에티오피아 #루이지베제라 #스타벅스

커피는 언제, 어디서부터 시작되었을까요. 커피는 에티오피아에서 처음 발견되었답니다. 주민들은 커피를 발견한 뒤 커피가 주는 각성 효과에 빠지게 되면서 서서히 커피를 섭취하기 시작했어요. 당시에는 커피를 마시지 않고 커피 열매를 껍질째 먹거나 즙을 내어 먹거나 발효해서 먹는 수준이었어요. 우리에게 익숙한 액체 형태의 커피는 17세기 유럽에서 로스팅을 거친 원두를 즐기는 커피 문화가 발달되면서부터 시작됐답니다. 이때의 커피 문화가 널리 퍼지기 시작하면서 오늘날 열대와 아열대 고산 지대를 중심으로 커피를 수확하고 있습니다.

| 최초의 에스프레소 머신

커피의 기술은 19~20세기에 들어서 급격히 발전합니다. 커

피 소비가 활발해짐에 따라 대형 로스팅 공장이 만들어지고 커피는 더욱더 대중화되죠. 특히 증기압을 이용한 에스프레소 추출법은 큰 변화를 불러왔어요. 이 기술은 프랑스에서 처음 만들어지고 이탈리아에서 발전을 거듭하여 1901년에 루이지 베제라Luigi Bezzera에 의해 밀라노에서 최초의 에스프레소 기기가 만들어집니다. 이후 1970년대에 들어 이탈리아의 에스프레소 바 Bar 문화가 미국에 들어오면서 세계적인 유행을 타게 됩니다. 그 당시 미국은 매장에서 커피 원두를 사 오고 집에서 커피를 손수 만들어 마시는 문화였으나, 이탈리아의 에스프레소 바 문화가 수입되면서 매장에서 마시는 문화로 변하게 된 것이죠. 이때 미국에 이탈리아 바 문화를 불러일으킨 업체가 바로 스타벅스랍니다.

오늘날 판매되는 이탈리아 커피머신 'Bezzera'는 루이지 베제라의 이름을 따 만들어졌습니다.

고압 추출로 크레마가 있는 커피를 추출하는 기기를 처음 개발한 사람은 1947년 이탈리아의 아킬레 가자(Achille Gaggia)입니다. 아직도 가찌아(Gaggia)라는 이름이 커피머신 브랜드로 자리잡고 있습니다.

| 1971년 시애틀에 첫 오픈한 스타벅스

4
커피 원두 재료인 생두는
이렇게 만들어져요

#커피체리 #건식 가공법 #습식 가공법 #Natural #Washed

커피는 커피나무 열매로 만들어요. 이 열매는 무슨 색일까요? 흔히 갈색이라 생각하기 쉽지만 실제로 커피 열매의 색은 체리처럼 붉은색이랍니다. 그래서 커피 열매를 커피체리라고 불러요. 커피체리 열매는 처음에는 초록색을 띠다 여물게 되면 붉은색으로 바뀌게 되고 이때 수확을 하게 된답니다. 수확한 커피체리는 가공 과정을 거쳐 로스팅 되기 전 상태인 생두로 만들어요. 가공 방법에 따라 원두의 특성도 달라지는데 가장 많이 사용되는 가공법인 건식과 습식에 대해서 알아볼게요.

건식 가공법

건식 Natural Process은 커피체리를 햇빛에 말린 후 껍질을 제거하는 방식으로 드라이 가공법 Dry Precess으로도 불러요. 체리의 성분이 잘 흡수되어 풍부한 단맛과 높은 바디감이 생긴다는 장점을 가지고 있지만 버려지는 커피체리가 상당히 많다는 게 단점으로 꼽힙니다. 커피체리에서 제거한 껍질은 카스카라Cascara라는 차로 재활용되기도 하는데 희미하지만 커피향을 느낄 수 있고 카페인 함량이 낮아 최근에 각광 받고 있는 식품이랍니다.

최근 스타벅스에서 카스카라를 연구한다는 말이 있을 정도로 많은 커피, 차 관련 업체에서 양산형 판매를 위해 연구하고 있습니다.

카스카라는 우려내 마셨을 때 느껴지는 달콤한 맛과 특유의 향이 특징입니다. 로즈힙, 히비스커스, 체리, 망고 등 달콤한 과일 맛이 납니다.

건식 가공법은 주로 햇빛이 강한 지역에서 사용하는 방법으로 물이 부족하지만 햇빛이 강한 브라질, 에티오피아 등의 나라에서 많이 사용합니다.

| 커피체리를 햇볕에 말리는 장면

습식 가공법

습식Washed Process은 커피 열매의 외피와 과육을 벗겨내고 끈적한 점액질까지 제거한 뒤에 건조시킨 방식을 말해요. 습식법은 산미가 강하고 깔끔한 맛이 특징이며 버려지는 커피체리의 양도 적지만 복잡한 처리 과정 때문에 비용이 많이 든다는 단점을 가지고 있습니다. 습식법은 파나마 등 중앙아메리카 국가들에서 주로 사용되는 방식입니다.

습식 가공법은 건식 가공법에 비해 물리적, 경제적으로 더 많은 시설이 필요합니다. 때문에 가공 환경이 열악한 곳에서는 건식 가공법을 많이 사용하는 편입니다.

생두 가공하는 대표적인 방법 두 가지를 설명했어요. 생두 가공법을 알아두어야 하는 이유는 동일한 생두라 하더라도 가공법마다 커피 맛이 다르기 때문이에요. 생두 쇼핑몰에 접속해 보면 생두마다 가공법이 표시되어 있는 걸 볼 수 있어요. 보통 건식은 Natural, 습식은 Washed라고 표기합니다. 산뜻하고 깔끔한 맛을 선호하면 습식을, 조금 더 묵직하고 풍부한 맛을 즐기고 싶다면 건식을 추천드립니다.

요즘에는 가공 기술이 높아짐에 따라 건식과 습식에 따른 맛의 차이가 줄어들었기 때문에 맛으로 가공 기술을 구분하기 어려워졌습니다.

| 커피체리를 물에 담가두는 장면

그 외 다양한 가공법

앞에서 알아본 건식 가공법과 습식 가공법 이외에 요즘에는 보다 훌륭한 생두를 얻기 위한 새로운 가공법이 다양하게 만들어지고 있어요.

그중에서 요즘 인기가 많은 가공법은 허니 프로세싱Honey Processing이에요. 이 방식은 커피 열매가 마치 꿀을 발라 놓은 것처럼 생겼다고 붙여진 명칭이에요. 이 가공법은 커피 열매의 과육을 제거해요. 그 뒤 열매에 있는 찐득거리는 점액질을 제거를 하는가에 따라 가공법이 달라져요. 점액질을 제거하고 건조하면 허니 프로세싱이라고 하고 점액질을 제거하지 않고 건조하면 내추럴 방식Pulped Natural Processing이라고 합니다.

점액질을 제거하는 허니 프로세싱은 점액질을 얼마나 제거하는가에 따라 화이트 허니, 옐로 허니, 레드 허니, 블랙 허니로 구분한답니다. 점액질을 적게 제거할수록 발효가 더 활성되어 색상이 어두워지고 향은 더 강하고 특별해지죠. 허니 프로세싱을 거친 원두는 다른 가공 방식보다 비교적 깔끔한 단맛을 가지고 있답니다.

커피 열매 발효에 따른 무산소 발효 가공법도 있어요. 기존 가공법에서는 커피를 발효할 때 산소 접촉으로 미생물의 영향을 받아 커피의 변형이 생기곤 했어요. 무산소 발효 가공법은 밀폐된 통에 커피 열매를 넣고 가스를 주입하여 산소를 완전히 제거하고 발효시키는 방식입니다. 그래서 산소의 접촉으로 발

| 커피체리(왼쪽), 생두(오른쪽)

생할 수 있는 변수를 줄이고 독특한 맛과 향을 낼 수 있다는 장점을 가지고 있어요.

보다 좋은 생두를 만들기 위해 다양한 가공법이 있다는 것을 알아 보았어요. 또한 생두 가공에 따라서 맛에 차이가 생긴다는 것과, 생각보다 작업이 간단하지 않다는 것도 아셨을 거예요. 한 잔의 커피에는 그만큼 많은 정성이 담겨 있답니다. 이러한 정성을 거쳐야 단순한 나무 열매였던 커피체리가 비로소 생두로 탈바꿈할 수 있는 거예요.

5 커피가 만들어지는 과정 살펴봐요

#로스팅 과정 #블렌딩 과정 #그라인딩 #추출 과정

앞에서 생두에 대해서 알아 보았습니다. 생두에서 우리가 아는 커피 음료로 만들려면 또 여러 과정을 거쳐야 해요. 먼저 생두를 볶는 로스팅 과정을 거쳐요. 이 과정을 지나야 우리가 아는 짙은 갈색의 원두가 만들어져요. 그리고 필요에 따라 다양한 맛을 만들어 내기 위해 각자 고유한 맛을 내는 생두 및 원두를 섞는 블렌딩 과정을 거치기도 합니다. 이러한 원두를 그라인딩 기계로 곱게 갈아서 커피 제조에 사용합니다.

생두
커피 원산지에서 수확한 커피 열매를 가공하여 커피에 사용되는 생두로 만듭니다.

로스팅
생두를 볶아서 원두로 만드는 과정입니다.

블렌딩
한 가지 원두를 이용해서 커피를 추출하기도 하지만 개성있는 맛을 위해 두 가지 이상의 원두를 섞어서 만들 때는 블렌딩 과정을 거칩니다.

쇼핑몰에서 판매하는 원두는 로스팅을 거친 원두 또는 그라인딩된 원두들입니다. 그라인딩 장치가 포함되어 있는 자동 커피머신에는 원두만 넣어서 사용하면 되지만 그라인딩 기능이 없는 커피머신이라면 그라인딩된 원두를 구매해야 해요. 이때는 용도에 맞는 원두로 구매해야 합니다. 그라인딩된 원두는 신선도가 매우 중요합니다. 원두는 그라인딩된 직후 시간이 흐를수록 맛의 품질이 급격히 떨어지기 때문이죠.

이와 같이 원두가 준비되었으면 다양한 도구로 커피를 뽑는데 이 과정을 추출 과정이라고 부릅니다. 앞에서 소개한 커피가 나오는 과정을 정리하면 다음과 같습니다.

> 그라인딩이 되지않은 원두도 시간이 지날수록 맛과 향에 손실이 있지만 그라인딩된 원두는 공기와의 접촉 면적이 많아 그라인딩 전에 비해 수십에서 수백배 빠른 속도로 맛과 향이 손실됩니다. 맛있는 커피를 위해 가능하면 추출 직전에 원두를 그라인딩해서 사용하는 게 좋습니다.

그라인딩

원두의 맛을 끌어내기 위해서 원두를 곱게 갈아서 사용합니다. 이와 같이 원두를 가는 과정을 말합니다.

추출

그라인딩된 원두 파우더를 커피머신을 이용하여 커피로 뽑아내는 과정을 추출이라고 합니다.

6
생두를 로스팅해서
원두를 만들어요

#로스팅 #직화식 로스팅 #열풍식 로스팅 #반열풍식 로스팅

커피체리에서 가공된 생두는 열을 가해서 볶는 과정인 로스팅을 통해 커피에서 사용할 수 있는 원두로 만들어집니다. 로스팅을 하는 이유는 맛과 향이 발현되기 전인 생두에 열을 가하여 화학적 반응을 일으켜 풍미를 만들어내기 위해서랍니다.

로스팅은 200도 전후의 고온에서 짧은 시간 동안 볶는데 로스팅에 사용하는 기기와 화력 조절, 열의 전달 방식, 볶는 시간에 따라 수천, 수만 가지 향미를 내는 원두를 만들 수 있답니다. 생두의 상태, 작업 환경, 로스팅 조작에 따라 다양한 맛과 향이 만들어지기 때문에 매우 중요한 과정이에요.

> 뜨겁게 예열된 로스터기 드럼에 생두가 투입되는 경우 드럼의 온도는 약 100도 정도까지 낮아집니다.
> 그후 지속적으로 열을 가하여 로스팅 배전도에 따라 약 190~250도 까지 온도를 높여 로스팅합니다.

로스팅 방식에는 드럼통 속에 생두를 넣고 드럼에 직접 열을 주는 방식인 직화식 로스팅과 열풍을 원두 사이로 순환시키는 방식인 열풍식, 직화식과 열풍식을 모두 적절히 활용한 반열풍식 로스팅 등이 있습니다. 각각의 방식이 어떤 특징을 가지고 있는지 알아보겠습니다.

직화식 로스팅

직화식 로스팅은 말 그대로 불의 열을 이용하여 로스팅하는 방식을 말해요. 직접적으로 열이 전달되기 때문에 개성있는 커피의 맛과 향을 발현하기 좋다는 장점이 있지만, 균일한 로스팅이 어렵고 생두의 속이 익기 전에 겉면이 타기 쉽다는 단점이 있습니다.

| 프라이팬으로 생두를 볶는 경우

간단하게 프라이팬에 생두를 넣고 볶는 팬 로스팅이 대표적인 직화식 로스팅이라고 할 수 있어요. 프라이팬으로도 로스팅을 할 수 있지만, 앞서 언급한 직화식의 단점을 개선하여 보다 체계적으로 열을 관리할 수 있는 다양한 직화식 로스팅 기기가 개발되어 사용되고 있어요. 가정용으로는 전열을 이용하여 열을 가하고 생두가 타지 않도록 팬이 돌아가는 통돌이형 로스팅 기기가 널리 사용되고 있어요. 반면에 상업용은 기기의 크기가 커서 더 많은 양의 생두를 더 센 불로 가열할 수 있다는 장점을 가지고 있답니다.

| 전열을 이용하는 가정용 로스터기

| 상업용 로스터기

열풍식 로스팅

열풍식 로스팅은 뜨거운 바람을 이용하여 로스팅하는 장치를 말해요. 그래서 열풍식 로스팅 기기의 구조를 보면 열을 만들어주는 버너와 드럼통이 직접 닿아있지 않고 분리되어 있어요. 열풍식 로스팅은 많은 양을 한 번에 처리할 수 있기 때문에 인스턴트 커피처럼 원두를 대량 생산하는 공장에서 애용하는 방식이죠. 온도 변화가 크지 않고 안정적인 로스팅을 할 수 있다는 점이 큰 장점이지만, 개성있는 커피맛을 구현하기는 어렵다는 단점이 있어요.

| 열풍식 로스터기

최근에는 열풍식 로스팅의 특징을 살리며 적은 양의 생두를 손쉽게 로스팅할 수 있도록 제작된 IKAWA, ROEST와 같은 샘플 로스터기가 있습니다.

반열풍식 로스팅

반열풍식은 직화식에서 사용하는 열과 열풍식에서 사용하는 열풍을 함께 이용하는 장치로 요즘 가장 널리 사용되는 방식이에요. 직화식과 마찬가지로 드럼 아래에서 불꽃이 직접적으로 향하고 있으면서 열풍 구멍으로 뜨거운 공기가 유입되어 세 가지 열원인 전도, 대류, 복사열을 모두 사용하는 로스팅이에요. 열 효율이 좋고 직화식과 열풍식의 장점을 골고루 가지고 있기 때문에 대부분의 로스터기 제작 회사에서 이 방식을 채택하고 있습니다.

다양한 방식의 로스팅 기기를 알아봤습니다. 로스팅을 잘하려면 열의 세기와 가열 시간 등 여러 요인을 정교하게 조작해야 하기 때문에 숙련된 기술이 필요합니다. 어떻게 로스팅하는가에 따라 다양한 맛을 만들어 낼 수 있기 때문에 커피전문점마다 자기만의 로스팅 비법을 가지고 있답니다. 로스팅할 때 풍기는 커피의 감미로운 향을 맡아본 적 있나요? 커피전문점이 로스팅하는 날에 방문해 보세요. 매장에 커피 향이 가득할 거예요.

| 반열풍식 로스터기

7 로스팅 강도에 따라 맛이 달라져요

#로스팅 #센터컷 #SCA분류법 #라이트 #최약배전 #시나몬 #약배전 #첫 번째 크랙 #미디엄 #중약배전 #하이 #두 번째 크랙 #중배전 #시티 #약강배전 #풀 시티 #중강배전 #프렌치 #강배전 #이탈리안 #최강배전

생두에 열을 가하면 특징적인 변화가 생깁니다. 열이 가해지면 처음에는 생두에 있는 수분이 증발하면서 황록색의 생두가 노란색으로 바뀌고 빵 굽는 향이 나요. 여기에 계속해서 열을 가하면 생두가 갈라지는데 이를 센터컷이라고 부릅니다. 원두를 보면 가운데가 갈라져 있죠. 이게 바로 센터컷이에요.

로스팅이 더 진행되면 서서히 생두의 색이 갈색으로 바뀌게 되고 표면도 매끄러워집니다. 이때가 가장 신맛이 강한 상태로 시나몬 로스팅 단계라고 불러요.

여기에 열을 더 가하면 서서히 고유한 향을 풍기면서 표면에 오일이 올라오고 점점 어두운 색으로 변해요. 그리고 시티, 풀 시티 로스팅 단계를 지나면 신맛이나 단맛보다는 쓴맛이 강해지는데 이때를 이탈리안, 프렌치 로스팅 단계라고 해요.

생두를 얼마나 볶는가에 따라 맛과 향이 달라지며 다양한 블

같은 온도에서 로스팅을 마친 원두라도 저마다 다른 생두라면 색이 달라보일 수 이 있어요. 생두가 가지고 있는 영양 성분이나 가공법에 따라 같은 로스팅을 거쳐도 맛과 향뿐만 아니라 색상도 다르게 보입니다.

렌딩 단계가 존재하게 되는데 그 단계를 원두의 색으로 구분합니다. 보통 스페셜티 커피 협회 Specialty Coffee Association의 SCA 분류법을 따라 로스팅 단계를 라이트, 시나몬, 미디엄, 하이, 시티, 풀시티, 프렌치, 이탈리안 순으로 총 8단계로 나누어요. 로스팅할 때 8단계의 색을 통해 원두의 로스팅 상태를 확인하고 해당 단계에 따른 원두의 맛을 참고할 수 있죠. 전문가들은 자신만의 노하우를 따르겠지만 일반적인 로스팅에는 이 분류법을 가이드라인으로 적용합니다.

육안으로 확인하는 것보다 색도계를 통하여 AGTRON COLOR로 구분해주는 게 정확해요. AGTRON COLOR는 아그트론 분석기로 측정한 색상값을 말해요. 이 색상값은 원두의 색을 분류하고 로스팅 수치는 약 20~100에서 나뉘는데 숫자가 높을수록 밝은(Light) 로스팅입니다. 아그트론 분석기는 값비싼 장비로, 주로 로스팅 전문점 업체에서 사용합니다.

라이트 Light | 시나몬 Cinnamon | 미디엄 Medium | 하이 High

시티 City | 풀 시티 Full City | 프렌치 French | 이탈리안 Italian

라이트 Light / Very Light / 최약배전

매우 약하게 볶은 상태로 밝고 연한 황갈색을 띱니다. 커피 향보다 생두의 향이 강해요.

'배전도'란 생두를 볶은 정도를 뜻하며, 다른 말로 로스팅 단계라고도 합니다.

시나몬 Cinnamon / Light / 약배전

첫 번째 크랙, 즉 뻥튀기 터지는 소리처럼 '퍽' 소리가 나는 단계예요. 생두의 외피가 벗겨져 나가며 센터컷이 발생하고 연한 황갈색을 띱니다. 시나몬의 색상과 유사하다고 해서 시나몬이라는 명칭이 붙었으며 신맛이 훌륭한 단계입니다.

미디엄 Medium / Moderately Light / 중약배전

두 번째 터짐이 일어나기 전 단계로 색상이 점차 황갈색으로 변하고 생두가 더 부풀어 오릅니다. 이 단계에서는 신맛이 약해지며 이전 단계에서는 돋보이지 않았던 단맛이 더해져요.

하이 High / Light Medium / 중배전

두 번째 터짐이 발생하는 단계로 색도 짙은 갈색을 띠며 맛도 신맛이 약해지고 단맛이 강해지기 시작해요. 맛이 조화로워 핸드드립에서 선호하는 로스팅 단계입니다.

시티 City / Medium / 약강배전

하이 단계에서 몇 초 더 볶으면 완성되는 단계예요. 신맛이 줄고 쌉싸름한 맛과 단맛이 조화로워 대부분의 로스팅의 표준이 되는 단계입니다.

풀 시티 Full-City / Moderate Dartk / 중강배전

진한 갈색을 띠기 시작하면서 진한 쓴맛과 강한 스모키향이 납니다. 다크로스팅 단계에 접어든 단계이며 콩의 수분이 대부분 날아가기 때문에 에스프레소 커피로 추출하기에 적합한 배전도예요.

프렌치 French / Dark / 강배전

흑갈색을 띠며 표면에 커피 오일이 올라오고 커피의 쓴맛과 진한 맛이 어우러지는 단계입니다. 원두가 프렌치 로스팅 단계에 머무는 시간은 매우 짧기 때문에 전문가의 기술이 필요해요. 프랑스에서 선호하는 단계라고 하여 프렌치라고 불려요. 대부분의 커피전문점에서 선호하는 가장 대중적인 단계입니다.

프렌치는 1920~1930년대 프랑스에서 주로 사용된 방법입니다.

이탈리안 Italian / Very Dark / 최강배전

로스팅의 최종 단계로 흑색을 띠며 표면이 커피 오일로 매우 반짝이며 탄 맛과 강한 쓴맛이 절정을 이룹니다. 예전에 이탈리아에서 많이 시도했던 단계라서 이탈리안이라고 불리게 되었어요.

8 커피의 유명한 3대 품종 알아봐요

#아라비카 #로부스타 #리베리카

| 아라비카, 로부스타, 리베리카

우리가 즐겨 먹는 사과에도 종류가 많아요. 부사 사과, 홍로 사과, 감홍 사과 등등. 사과마다 독특한 맛이 있어서 각자 선호하는 사과가 다를 거예요. 이처럼 부사, 홍로, 감홍들이 바로 사과 품종이에요. 커피도 마찬가지로 품종이 존재하는데 그중에서 대표적인 품종은 아라비카Arabica입니다. 시중에 유통되고 있는 대부분의 커피 품종이 아라비카라고 보면 돼요. 이외에 로부스타Robusta, 리베리카Liberica가 있는데 이 세 가지를 묶어 3대 품종이라고 해요.

아라비카는 커피 시장의 총 70%를 차지할 만큼 인기가 높답니다. 아라비카의 원두는 초록빛에 납작한 타원형이에요. 재배가 까다롭지만 맛과 향이 풍부하죠. 그만큼 가격도 비싸고요. 아라비카는 에티오피아가 원산지이며 브라질, 콜롬비아, 과테말라, 케냐, 인도, 탄자니아, 코스타리카 등지에서 생산합니다.

로부스타는 동글동글한 모양을 가지고 있으며 원산지는 콩고예요. 저지대의 고온다습한 기후에 강해 베트남, 브라질 등 아프리카와 동남아시아 대륙을 중심으로 생산되고 있습니다. 아라비카보다 약한 향미에 쓴맛이 강하고, 카페인 함량은 아라비카보다 높아요. 재배가 쉽다는 경제적 이점이 있어 흔히 인스턴트 커피나 저가 커피에 사용됩니다.

로부스타 커피가 아라비카 커피에 배해 항상 값싸고 맛이 없다는 건 아닙니다. 관리가 잘된 고품질 로부스타는 아라비카보다 훨씬 맛있을 수 있습니다.

리베리카는 아프리카와 동남아시아에서 주로 생산되고 있으나, 세계 무역량의 1%만 차지하고 있는 비주류 품종이에요. 리베리카의 생산량 대부분은 주로 자국에서 소비되고 있답니다.

앞에서 알아보았듯이 대부분의 원두가 아라비카임을 알 수 있습니다. 그럼에도 불구하고 캔커피 TV 광고를 보면 아라비카라는 단어를 강조하는 것을 쉽게 볼 수 있는데 이는 인스턴트 커피에 주로 사용하는 로부스타 원두를 사용하지 않고 아라비카 커피를 사용했다는 것을 어필하려는 목적이랍니다.

9 생두에도 등급이 있어요

#생두 크기 등급 #스크린 사이즈 #AA #AB #C #수프레모 #엑셀소 #결점두 등급 #G1 #G2 #No.2 #No.3 #코나 엑스트라 팬시 #팬시 #넘버원 #셀렉트 #프라임 #재배 고도별 등급 #SHB #FHB #HB #SCAA 커피 분류 #스페셜 커피 #프리미엄 커피 #Commodity Coffee #Low Grade Coffee

생두를 구할 때 어떤 생두가 좋은 건지 알기가 쉽지 않죠. 그래서 생산지마다 여러 가지 기준을 두고 생두의 등급을 나누어서 판매한답니다. 생두의 등급을 분류하는 기준에는 생두의 크기, 불량 생두 개수, 생산지 고도 높이 등이 있어요. 각각의 판별 기준에 대해서 알아 볼게요.

생두 크기 등급

생두의 크기는 스크린 사이즈Screen size라는 단위를 사용해요. 1 스크린 사이즈는 1/64 inch로 약 0.4 mm 크기예요. 이때 크기는 생두의 길이가 아니라 폭으로 잽니다. 이렇게 측정한 스크린 사이즈별로 생산지마다 정해진 표시 방법에 따라서 분류합니다. 커피 원두 이름에 표시되어 있는 AA나 수프리모같은 명칭이 바로 스크린 사이즈로 분류한 명칭이에요. 케냐 커피는 스크린 사이즈가 18 이상이면 AA, 15~16이면 AB라고 표기하고 14는 C라고 표시합니다. 콜롬비아 커피는 17 이상이면 수프레모Supremo, 15 이상이면 엑셀소Excelso라고 표시합니다.

결점두 등급

결점두는 생두를 무작위로 채취한 뒤 상태가 좋지 않은 생두의 비율을 측정해서 등급을 매기는 방식이에요. 결점두로 취급하는 상태로는 벌레 먹은 흔적이 있는지, 이물질이 있는지, 곰팡이가 생겼는지, 너무 말랐는지, 충격 흔적이 있는지, 발효가 제대로 안 되었는지 등으로 판별합니다.

결점두로 등급을 매기는 대표적인 생산지에는 에티오피아가 있어요. 이곳에서는 최상 등급을 G1, 차상 등급을 G2로 나눕니다. 브라질은 최상 등급을 No.2, 차상 등급을 No.3로 나누고요. No.1은 신만이 만들 수 있다고 정하고 실제 원두에는 매기지 않는 등급이라고 합니다.

No.2, No.3, No.4 등의 표기법은 뉴욕 무역거래소 분류법인 NY.2, NY.3, NY.4 등으로 표기하기도 합니다.

1/64 인치	mm	분류	중앙아메리카, 멕시코	콜롬비아	아프리카, 인도
20	8	Very Large	Superior	Supremo	AA
19.5	7.75	Very Large	Superior	Supremo	AA
19	7.5	Very Large	Superior	Supremo	AA
18.5	7.25	Large	Superior	Supremo	A
18	7	Large	Superior	Excelso	A
17	6.75	Large	Superior	Excelso	A
16	6.5	Medium	Segundas	Excelso	B
15	6	Medium	Segundas	Excelso	B
14	5.5	Small	Terceras		C
13	5.25	Shells	Caracol		PB
12	5	Shells	Caracol		PB
11	4.5	Shells	Caracolli		PB
10	4	Shells	Caracolli		PB
9	3.5	Shells	Caracolillo		PB
8	3	Shells	Caracolillo		PB

| 생산지별 생두 크기 분류

하와이 코나는 스크린 사이즈와 결점두 두 가지 등급을 함께 매깁니다. 최상급은 코나 엑스트라 팬시Kona Extra Fancy라고 부르고 다음은 팬시, 넘버원, 셀렉트, 프라임 순으로 분류합니다.

재배 고도별 등급

커피 생산지의 고도가 높을수록 콩의 밀도에 영향을 끼쳐 더 좋은 맛을 낸다고 하여 재배 고도에 따라 품질을 매깁니다. 과테말라, 코스타리카 등의 생산지에서 재배 고도별 등급을 사용합니다. 과테말라는 최상 등급을 SHBStricity High Bean, 차상 등급은 FHB, HB 순으로 표시하고 코스타리카는 SHB, HB 순으로 표시합니다.

SCA 커피 분류

SCA에서 제시하는 엄격한 품질 기준에서 100점 만점 중 80점 이상을 획득한 고급 커피를 스페셜티 커피라고 합니다. 이외에 뉴욕 거래 시장에서 평가가 높은 커피를 프리미엄 커피, 여러 분야에서 소비가 많은 커피를 Commodity Coffee, 로부스타 품종을 사용한 저가 레귤러 커피를 Low Grade Coffee로 분류합니다.

스타벅스에 가면 리저브바가 있는 것을 본 적 있을 거예요. 이곳에서는 기존 커피보다 상대적으로 가격이 비싸고 더 훌륭한 서비스를 제공하는데 이곳에서 판매하는 커피가 바로 스페셜티 등급 커피입니다. 이외에 투썸플레이스는 SP737, 엔젤리너스커피는 프리미엄, 할리스커피는 커피 클럽 등의 고유 브랜드를 내세워 스페셜티 커피만 전문적으로 판매하고 있어요. 이처럼 고급 커피가 대중화되고 있지요.

이제 커피 원두의 이름을 보고 이 커피는 어느 등급인지 알 수 있겠죠. 하지만 무조건 높은 등급의 커피가 좋다는 건 아니에요. 낮은 등급에서 높은 등급까지 다양한 커피를 맛보며 취향에 맞는 커피를 찾아보는 건 어떨까요?

생두 또는 원두 쇼핑몰을 보면 생두 또는 원두에 나라별 커피 분류법으로 표기되어 있는 것을 볼 수 있습니다.

| GSC 쇼핑몰(https://www.gsc.coffee)에서 판매하는 생두 목록

10 커피의 맛과 향을 이렇게 표현해봐요

#향 #Aroma #신맛 #산미 #단맛 #쓴맛 #바디감

커피에서 나는 향을 아로마라고 하고, 커피의 맛을 표현할 때 흔히 신맛, 단맛, 쓴맛, 바디감으로 표현해요. 알 듯 모를 듯 애매모호한 기준들을 이번 챕터에서 정확하게 알아두면 커피의 맛과 향을 구분하는 데 도움이 될 거예요. 아로마와 커피 맛의 4가지의 기준이 정확히 무엇인지 살펴보도록 하겠습니다.

향 Aroma

흔히 아로마라고 부르는 향은 커피를 마시기 전에 향으로 즐기는 것을 말해요. 아무리 맛있는 음식이라도 향이 좋지 않으면 안 되겠죠. 커피도 마찬가지예요. 커피는 의외로 다양한 향이 난답니다. 과일향이 나기도 하고 견과류 향이나 풀 냄새가 나기도 하고 한약처럼 묵직한 향이 나기도 한답니다. 아로마는 두 가지로 나눌 수 있는데, 커피가 물을 만나기 전에 나는 향을 드라이 아로마Dry Aroma라고 하고 물과 접촉된 후에 나는 향을 웨트 아로마Wet Aroma라고 해요.

커피의 향을 표현할 때 다양한 표현들이 있습니다. 분쇄된 원두에서 나는 향을 향기(Fragrance) 또는 드라이 아로마라고 하고 분쇄된 원두에 물이 닿았을 때 나는 향을 아로마라고 합니다. 그리고 커피를 마시기 전 코로 느낄 수 있는 커피에서 올라오는 향을 노즈(Nose)라고 하고, 커피를 마실 때 느끼는 맛과 향을 코에서 자각하는 것을 풍미(플레이버, Flavor)라고 합니다.
이중에서 커핑노트에서는 아로마와 플레이버를 기록하는 기록하는 경우가 많습니다.

신맛 산미, Acidity

흔히 신맛을 식초의 시큼함으로 알고 있는데 커피에서는 시큼함 이외에 새콤, 상큼함 등 훨씬 포괄적인 맛을 담고 있어요. 신맛의 종류는 정말 다양하며 여기에는 레몬이나 청사과에서 느껴지는 신맛처럼 과일에서 느껴지는 긍정적인 산미뿐만 아니라 식초처럼 톡 쏘듯 자극적인 부정적 산미도 있어요. 산미는 커피를 선택할 때 크게 구분되는 기준 중 하나예요. 산미가 높으면 비교적 쓴맛과 바디감이 약해지기 때문에 산뜻한 커피로 즐기기 좋고, 산미가 낮아질수록 단조로운 커피가 되지만 마시기 편하다는 점이 있어요.

> 보통 약배전 원두일수록 산뜻한 향과 신맛이 강해지고 강배전일수록 쓴맛이 강해집니다.

단맛 Sweetness

달콤한 맛을 말합니다. 단맛이 높은 커피는 잘 익은 과일을 베어문 듯한 단맛이 느껴지거나 초콜릿처럼 달콤한 맛이 강하게 납니다. 단맛은 대부분의 사람들이 선호하는 맛이기 때문에 로스팅이나 커피 추출에서 중요한 부분을 차지해요.

쓴맛 Bitterness

쓰고 텁텁함을 주는 맛이에요. 강배전으로 로스팅한 커피에서 주로 나타나는 맛입니다. 스페셜티 커피가 대중화되기 이전에는 커피에서 쓴맛이 나는게 당연하다고 여겨졌지만 요즘에는 부정적으로 느껴지는 쓴맛보다는 긍정적인 산미나 단맛을 살리는 방법이 각광받고 있답니다.

바디 Body

바디감이란 액체를 입에 머금었을 때 느껴지는 묵직함의 정도를 바디감이 높다/낮다 또는 가볍다/무겁다로 표현합니다. 흔히 물처럼 가벼우면 바디감이 가볍고 우유처럼 농도감이 있다면 바디감이 무겁다고 구분합니다.

보통 강배전 원두일수록 바디감이 높습니다. 하지만 너무 새까맣게 탄 원두는 영양소와 성분이 파괴되었기 때문에 오히려 바디감이 낮아요.

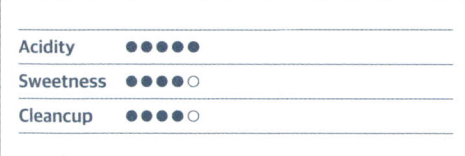

| 프릳츠 쇼핑몰(https://fritz.co.kr)은 원두의 맛을 리스트업 방식으로 표시

| 리안 커피 쇼핑몰(https://leeahncoffee.com)은 원두의 맛을 그래프로 표시

커피의 맛을 기록하는 커핑 노트를 보면 밸런스(Balance)라는 항목이 있습니다. 밸런스란 커피에서 느낄 수 있는 향미, 후미, 산미, 바디, 단맛 등의 맛이 얼마나 조화로운지를 말합니다. 모든 맛이 잘 느낄 수 있다면 밸런스가 좋다고 할 수 있고 만일 산미가 강해 단맛이 감춰진다면 밸런스가 낮다고 할 수 있습니다.

| 파주커피오빠 쇼핑몰(https://smartstore.naver.com/pajucoffeeopa)은 5가지 요소로 구성한 커핑그래프로 맛을 표시

11 커피 유명 생산지를 알아봐요

#예멘 모카 #하와이 코나 #자메이카 블루 마운틴 #파나마 게이샤 #케냐AA #과테말라 안티구아 #브라질 산토스 No.2 #코스타리카 타라주 SHB #콜롬비아 수프레모 #에티오피아 예가체프 #탄자니아AA #인도네시아 만델링

원두는 생산지에 따라 맛과 향이 크게 달라요. 그래서 원두를 구매할 때 어떤 생산지의 원두를 구매할지 선택하는 메뉴가 있답니다. 여기서는 대표적인 원두 생산지와 특징에 대해서 알아볼게요. 자신의 기호에 맞는 원두 생산지를 한번 찾아보세요.

세계 3대 커피, 예멘 모카

보통 '커피'라는 의미로 통용되곤 하는 모카라는 단어를 많이 들어 봤을 거예요. 모카는 커피 수출을 맡는 예멘의 항구 도시 이름에서 유래했어요. 세계 3대 커피로 불리는 예멘의 모카는 과일향과 묵직한 바디감이 일품인 마타리, 와인 느낌을 주는 히라지, 초콜릿 향과 산미가 좋은 시나니로 나눕니다. 마타리는 고흐가 즐겨 마시던 커피로도 유명해요.

세계 3대 커피, 하와이 코나

아라비카종의 최적 환경인 하와이의 코나섬Kona에서 수확하며 세계 3대 커피로 불리는 커피입니다. 신맛이 나며 꽃향과 과일향이 은은하게 풍기는 것이 특징이며 뒷맛도 깔끔합니다.

세계 3대 커피, 자메이카 블루 마운틴

자메이카 동쪽 블루마운틴Mt. Blue Mountain 지역에서 생산되는 세계 3대 커피 중 하나예요. 스크린 사이즈 17~18의 최고급 등급 커피로 소량 재배를 원칙으로 하며 해발 2,000m 이상에서 재배되는 커피만 블루 마운틴이라고 부릅니다. 보통 시티 로스팅으로 로스팅하며 아로마가 풍부하고 신맛과 단맛이 있으면서 묵직한 바디감이 특징이지요.

파나마 게이샤

생두 원산지인 에티오피아의 게차Gecha 마을에서 처음 발견된 품종이에요. 그 마을 이름에서 유래한 게이샤는 우연찮은 기회로 파나마의 한 농장에서 재배되면서 알려졌으며 상큼한 과일향과 꽃향기, 청량감과 가벼운 바디감으로 유명해요. 특히 게이샤를 처음 재배한 에스메랄다 농장의 파나마 하시엔다 라 에스메랄다 게이샤는 1kg에 수십만 원에 달하는 것으로 유명하죠. 스페셜티 중에서도 최고의 커피라고 할 수 있어요.

케냐AA

아프리카 킬리만자로산의 동쪽 케냐 고지대에서 재배되는 커피입니다. 5가지 맛 구분표에서 알 수 있듯이 모든 맛을 고르게 느낄 수 있는 고급 품종으로 묵직한 바디감과 감미로운 향, 적당한 신맛이 조화롭게 어우러져 있지요. AA는 생두 크기가 큰 최상급 등급을 말하는 것으로 강렬한 향을 선호하는 유럽에서 인기가 많습니다.

과테말라 안티구아

화산토의 비옥한 토양에서 자란 커피입니다. 강배전으로 로스팅하면 풍부한 바디감과 스모키 향을 느낄 수 있고 중배전으로 로스팅하면 견과류 향과 산미를 느낄 수 있어요.

브라질 산토스 No.2

세계 커피 총생산량의 절반을 차지하는 브라질의 대표 커피입니다. 산토스는 브라질에서 커피를 수출하는 항구의 이름이에요. 부드러운 풍미에 신맛과 쓴맛이 조화를 이루며 커피가 식었을 때 신맛이 강해지는 매력이 있답니다.

코스타리카 타라주 SHB

중남미 코스타리카의 원두로 화산암이 발달한 고산 지대에서 수확하여 습식 방식으로 가공해서 만듭니다. 재배 고도에 따라 나눈 등급으로 표시합니다. 신맛과 단맛과 아로마가 풍부하여 핸드드립이나 에스프레소에 적합합니다.

콜롬비아 수프레모

콜롬비아 고산지대에서 수확하는 원두로 대표적인 마일드 커피입니다. 수프레모는 스크린 사이즈가 17 이상인 최고 등급 원두로 부드러운 신맛과 쓴맛, 초콜릿 향의 단맛이 조화를 이룹니다. 감미로운 향이 특징입니다.

에티오피아 예가체프

커피가 처음 발견된 에티오피아의 고산지대에서 재배하는 원두로 신맛과 단맛이 조화를 이루고 있으며 부드럽고 꽃향기가 감도는 것이 특징입니다. 핸드드립 커피에 잘 어울립니다.

탄자니아 AA

신맛과 단맛이 균형을 이루고 있으며 견과류 향과 흙냄새, 꽃향기가 풍기며 밀도 있는 바디감이 특징입니다. 농도가 진해 아이스커피에 잘 어울립니다.

인도네시아 만델링

묵직한 바디감과 꽃향기가 일품인 남성적인 커피로 유럽에서 특히나 인기가 높습니다. 신맛은 약하지만 쓴맛에서 이어지는 단맛이 강하여 에스프레소용으로도 잘 어울립니다.

바리스타가 겪어본 훌륭한 원두

커피를 시작하고 여러가지 원두를 맛보게 되면서 커피에 이렇게 다양한 맛이 있다는 것에 놀랐답니다. 특히 인공적인 단맛 등이 첨가된 인스턴트커피나 특징이 뚜렷하지 않은 블렌딩 커피만을 즐기다가 싱글 오리진 커피를 처음 접했을 때의 충격은 아직도 생생하답니다.

지금도 유행이지만 제가 커피를 공부하던 당시에 카페 투어를 다니는 바리스타가 많았어요. 어느 카페에서 독특한 스페셜티 커피를 판매한다거나 맛있었다는 소문이 있으면 너도나도 할 것 없이 방문해서 커피를 마시는 문화가 있었답니다. 저도 마찬가지로 카페 투어를 하고, 직접 로스팅을 하며 다양한 커피를 마셔보았어요. 그중 기억에 남았던 원두 몇 가지를 말씀드릴게요. 다만 커피(생두)는 농작물이기 때문에 생산 연도와 환경에 따라 조금씩 맛이 다를 수밖에 없고, 로스터리마다 로스팅 방식, 카페마다의 추출 방식이 모두 다르기에 항상 똑같은 맛은 나올 수 없는 걸 기억해두는 게 좋아요!

1. 에티오피아 예가체프

이르가체페라고도 불리는 예가체프는 앞서 말한 대로 꽃향기 또는 허브향 특징이에요. 보통의 경우 예가체프는 강배전을 하지 않아 산뜻하며 가벼운 뉘앙스를 나타냅니다. 특히 로즈메리, 애플민트, 장미, 재스민 등 커피에서 접하기 힘든 향과 맛들이 선명하게 느껴진다면 '이게 정말 커피야?'라는 생각이 들 정도랍니다. 또한 예가체프 안에 코케, 코체레 등의 지역에서 생산된 커피도 있는데, 예전에는 예가체프로 묶어서 불렀지만 예가체프 안에서도 두 지역에서 가공된 생두 품질이 좋아 수상도 하고 유명해지다 보니 독자적인 명칭이 붙게 되었습니다. 코케와 코체레의 경우 습식 가공법뿐만 아니라 건식 가공법에 대한 품질도 뛰어나니 기회가 된다면 드셔보세요.

2. 파나마 게이샤

게이샤 품종은 파나마 외에도 에티오피아, 콜롬비아 등 다양한 나라에서 생산됩니다. 하지만 개성 강한 커피를 재배하기 좋은 환경인 파나마에서 수확된 생두는 비싼 가격만큼의 값어치를 합니다. 특히 풍부한 과일의 향과 단맛, 깔끔한 텍스처임에도 가볍지 않은 바디감, 음료를 삼킨 뒤에도 입 안에 기분 좋게 남는 애프터 테이스트는 정말이지 '환상'이라고 표현하고 싶습니다. 따뜻한 커피로 마실 때 음료가 식어도 밸런스가 무너지지 않고, 가지고 있는 캐릭터가 강렬해서 아이스커피로 마실 때 얼음이 녹더라도 여전히 맛이 선명하게 느껴집니다. 또한 우유와 만나는 밀크 베리에이션 음료로 만들 때에도 우유 맛에 밀리지 않고 조화롭게 어울려 뛰어난 맛을 표현합니다. 예전에 한 카페에서 커피 한 잔에 약 2만 원을 내고 파나마 게이샤를 마신 적이 있었는데, 돈이 아깝다는 생각이 나지 않을 만한 훌륭한 커피라고 느꼈습니다.

3. 각종 무산소 발효 커피

약 2010년대 후반부터 대중화된 무산소 발효 커피는 스페셜티 커피가 처음 알려졌던 때만큼이나 바리스타들에게 큰 충격을 안겨주었어요. 이전에는 커피에서 과일이나 꽃, 견과류 등의 맛을 찾을 때 커피에 익숙하고 훈련된 전문가가 예민하게 접근해야 찾을 수 있는 정도라면, 무산소 발효 커피는 일반 소비자가 느끼기에도 선명한 컵 노트를 보여줬습니다. 이렇게 독특한 커피가 나오는 이유는 발효 과정에서 다양한 식재료를 첨가하는 가향 방식 때문도 있지만, 와인 발효 방식에서 착안되어 약 36~300 시간에 걸쳐 젖산 등의 다양한 유기산을 생성하거나, 자연 미생물 대신 새로운 효모와 유산균을 이용하여 독특하고 다양한 향과 맛을 만들어내는 획기적인 공법 때문이에요. 하지만 점점 특이한 커피가 주목받게 되며 생산지 가공지에서도 다양한 시도를 하다 보니 자연적으로 나올 수 없는 맛이 느껴지는 생두도 있답니다. 이러한 생두들 때문에 무산소 발효 커피에 대해 다소 부정적인 여론도 있어요. 바리스타 대회에서 이러한 가공법을 인정하는 경우도 있고, 인정하지 않은 경우도 있는 만큼 현재로선 뜨거운 감자 같은 존재지만, 분명한 건 커피에 대한 다양한 시도와 접근에 새로운 방향을 제시한 방법이라고 볼 수 있어요. 오늘날 핸드드립을 전문으로 하는 곳이라면 한두 개의 종류는 쉽게 찾아 볼 수 있을 거예요! 독특한 커피를 느끼고 싶다면 드셔보시는 걸 추천합니다.

12 좋은 원두 확인하는 방법 알아봐요

#디게싱 #에이징

생두를 커피로 사용하려면 생두를 볶는 로스팅 과정을 거쳐야 하는데 집에서 직접 로스팅을 하기엔 번거로운 점이 많아 로스팅된 원두를 구매하는 경우가 많아요. 온라인 쇼핑몰에서 검색해보면 로스팅된 원두를 다양하게 판매하는 걸 볼 수 있는데 어떤 원두가 좋은지 판단하기 어려울 거예요. 그럴 땐 다음 조건들을 갖춘 원두를 선택하면 좋답니다.

원두는 신선도가 정말 중요해요. 갓 볶은 원두는 당연히 신선하겠지만 이걸 바로 사용하는 것은 좋지 않아요. 갓 볶은 원두에는 이산화탄소가 많이 남아 있어서, 이러한 원두로 커피를 만들면 좋지 않은 맛을 내기 때문이죠. 이산화탄소를 어느 정도 배출해 주어야 커피 맛이 좋아져요. 보통 2~3일 정도 두고 이산화탄소를 빼주는데 이처럼 이산화탄소를 빼주는 작업을 디게싱Degassing이라고 해요. 약간 다른 의미가 포함되어 있지만 이러한 과정을 에이징이라고도 불립니다.

원두의 특성에 따라 다르지만 로스팅한 지 2~3일이 지나 디게싱이 어느 정도 진행된 원두를 사용하는 것이 좋아요. 단 원두는 시간이 지날수록 이산화탄소가 배출될 때 긍정적인 향미도 함께 빠져나가기 때문에 너무 오랜 시간이 지나지 않도록 유의해야 합니다.

원두에서 이산화탄소가 빠져나가면서 점점 산패가 진행되어 좋은 향미를 잃게 돼요. 원두에서 이산화탄소가 빠지면 그 자리에 산소가 채워지게 되는데 산소가 채워지는 만큼 산패가 진행되어 화학적 반응을 통해 원두가 가지고 있던 맛과 향이 변하기 때문이죠. 그러므로 커피를 맛있게 즐기려면 가능한 로스팅 후 1~2주 이내에 사용하기를 권장합니다. 원두를 구매할 때 로스팅한 날짜를 반드시 확인하여 로스팅한 지 너무 오래되지 않은 원두를 선택하는 게 좋아요. 참고로 법적인 원두의 유통 기한은 1년이랍니다.

그럼 디게싱이 얼마나 진행된 원두가 좋을까 궁금할 수 있을 거예요. 정답은 없답니다. 원두의 품종과 상태와 환경에 따라 달라지기 때문이에요. 예를 들어 강배전 로스팅은 디게싱 속도가 무척 빠르고 약배전 로스팅한 원두는 디게싱 속도가 느리기 때문에 약배전은 맛의 변화가 적고 강배전은 맛의 변화가 크죠. 이렇듯 상황에 따라 차이가 있으므로 원두 판매점의 가이드를 참고하는 것이 가장 좋아요.

원두는 되도록 공기와 접촉을 피하는 게 좋아요. 보통 원두를 구매했을 때 구매처에서 원두에 공기가 유입되지 않도록 아로마 밸브가 달린 포장지에 담아 주는 이유도 여기에 있어요. 이 포장지는 공기 유입은 막아주고 원두에서 발생하는 가스는 밖으로 빼주는 역할을 해요.

당연하겠지만 원두는 분쇄하지 않은 상태에서 보관하는 것이 제일 좋아요. 분쇄하는 순간 산패되는 속도가 빨라지기 때문이죠. 보통 원두를 분쇄하면 10분 안에 향의 70%가 사라집니다. 그러므로 원두를 분쇄해서 보관하기보다 커피 추출 직전에 먹을 만큼만 분쇄해 사용하는 것이 좋아요.

13 원두 잘 보관하세요

#밸브 포장 #아로마 밸브

원두는 공기, 빛, 습기에 민감하므로 보관하는 일도 좋은 원두를 사용하는 것만큼 중요하답니다. 그러므로 공기 유입을 차단해 주는 전용 용기에 넣어 직사광선이 없는 서늘한 곳에 보관하면 됩니다.

만일 원두를 오래 보관하고 싶다면 영하 18도의 냉동실에 보관하세요. 원두를 냉동실에 보관할 때는 한 번에 사용할 분량으로 소분해서 보관하는 것이 좋아요. 냉동 보관한 원두를 계속 넣어다 뺐다 하는 중에도 원두 표면에 수분이 생기고 이는 산패를 더 빠르게 진행시킬 수 있기 때문에 주의해야 해요.

원두는 가급적 냉장고에 넣지 않도록 합니다. 냉장고에 있는 음식의 냄새가 원두에 흡수되기 쉽습니다.

원두는 앞에서 알아보았듯이 공기에 매우 민감해요. 공기와 접촉하면 원두의 지방분이 반응하며 산패를 촉진하기 때문이죠. 그러므로 원두와 산소 간의 접촉을 어떻게 줄이는가가 관건이랍니다. 보통 원두를 주문하면 밸브가 달린 포장지에 넣어서 보내주죠.

밸브 포장은 아로마 밸브라고 부르는 밸브가 달려 있어 내부에서 발생한 가스는 밖으로 빼주면서 외부의 산소 유입은 막아

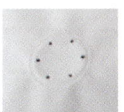

| 아로마 밸브

준답니다. 포장을 뜯기 전까지는 가장 이상적인 보관 방법이라고 할 수 있지요. 대부분은 지퍼백으로 되어 있어서 지퍼를 열고 닫으며 보관할 수 있죠. 이때도 최대한 공기를 뺀 상태에서 밀봉 보관하는 것이 좋습니다.

아로마 밸브가 있는 봉투는 3개월 정도 상태를 유지할 수 있지만 개봉을 하면 바로 산화가 시작됩니다.

원두를 보관할 때 햇빛이 들어오는 곳도 피해주세요. 직사광선을 그대로 받는 경우 온도가 올라가서 좋지 않습니다. 원두는 온도가 10℃ 상승할 때마다 향기 성분이 소실되는 속도가 거의 두 배 이상 빨라지게 된다고 해요. 로스팅 단계가 강한 커피일수록 산화와 향의 손실이 더 빨리 일어납니다.

다음은 원두 전용 밀폐 용기에 담아 보관하는 방법이 있어요. 이때 용기 안에 빈 공간을 남기지 않게 주의하세요. 빈 공간에 생긴 공기층이 결국 원두의 산패로 이어지기 때문이에요. 밀폐용기 대신 원두 포장지에 담고 빈 부분을 말아서 고정시키는 게 빈 공간을 남기지 않아서 더 좋을 수 있어요.

최근에는 공기층이 생기지 않는 아이디어 상품도 나오고 있어요. 용기의 상단과 하단이 분리되어 원두를 넣고 상단 부분을 꽉 눌러 잠그면 용기에 공간이 생기지 않게 해주는 용기도 있고 어떤 제품은 마개가 용기 안으로 들어가서 빈 공간 없이 밀폐해 주는 용기도 있어요. 위에서 강조했듯 원두에 공기가 직접 닿지 않도록 해줘야 좀 더 오랫동안 신선한 원두를 사용할 수 있답니다.

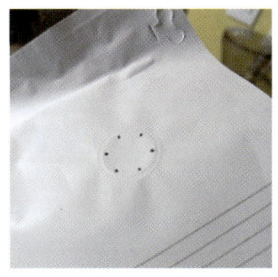  

| 밸브와 지퍼백이 달린 포장지, 용기 상단 부분을 줄여 밀폐해 주는 퍼즐락, 마개로 밀폐해 주는 프리파라

하지만 원두를 아무리 잘 보관하더라도 시간이 지나며 향미 손실은 있을 수밖에 없어요. 때문에 원두커피를 구매할 때는 대량으로 구매하여 오래도록 보관하는 것보다는 신선하고 원두커피 본연의 맛을 즐길 수 있도록 자주 구매하는 것이 좋습니다. 특히나 로스팅 된 원두커피의 경우 로스팅 후 한 달 정도 시간이 지나면 점차 본연의 맛과 향뿐만 아니라 커피의 좋은 성분이 빠져나가게 되고 산패가 이루어지면서 커피 오일이 배출되기 때문에 조금은 귀찮을 수 있지만, 내가 마시는 커피 양을 생각하여 대략 1~2주마다 원두를 구매하여 즐기시는 걸 추천 드립니다.

step 2

커피를 만들 때 알아두어야 할 정보, 커피 제작에 사용하는 장비 사용법에 대해서 알아봅니다.

14 원두를 블렌딩해서 훌륭한 커피를 만들어요

#싱글 오리진 #스트레이트 커피 #블렌딩 커피 #모카자바 #하우스 블렌드

원두마다 고유의 향과 맛을 가지고 있어요. 그래서 특정 생산지의 원두 하나만 사용하면 그 생산지의 특징을 그대로 느낄 수 있어요. 이와 같이 한 가지 원두로 만든 커피를 싱글 오리진 Single Origin 또는 스트레이트 커피 Straight coffee 라고 합니다.

만일 원산지가 다른 원두를 섞으면 어떨까요? 각각의 원두의 특징을 잘 어우러지면 개성 있는 커피가 만들어질 거예요. 이처럼 두 가지 이상의 원두를 섞는 과정을 블렌딩 Blending 이라고 합니다. 블렌딩 커피를 만드는 이유는 각각 원두의 단점은 보완하고 장점은 살려 밸런스 있는 커피를 만듦에 있답니다. 블렌딩은 각 원두의 특성을 이해하고 어떤 원두를 얼마의 비율로 섞는지가 매우 중요합니다. 그리고 생두의 품질에 따라서도 맛에 변화가 생기기도 합니다. 블렌딩은 그러한 맛의 변화의 폭을 줄이고 더욱 일정한 커피를 제공하는 데 도움을 주기도 해요.

좋은 블렌딩 커피를 만들기 위해서는 어떤 원두를 사용하는 게 좋을까요? 보통 블렌딩에서 강조하고 싶은 커피를 주 베이스로 이용합니다. 그런 다음 주 베이스 커피의 장점을 돋보이게 할 수 있는 원두를 섞고, 부족한 부분이 있다면 이를 보완할 수 있는 원두를 섞으면 됩니다. 그렇다고 너무 많은 종류의 원두를 사용하면 오히려 결과가 좋지 않을 수 있어요. 그래서 보통 2~5가지 종류를 섞어서 만듭니다. 또한 원두를 섞은 다음 로스팅할지, 로스팅을 끝낸 후에 원두를 섞을지에 따라서도 맛이 달라집니다.

각 원두마다 적절한 로스팅을 거친 뒤에 원두를 섞으면 좋겠지만 이러한 방법은 과정이 번거롭기 때문에 편의성을 위해 대개 생두를 섞은 후에 로스팅하는 방법을 사용합니다. 말은 쉽게 적었지만 막상 어울리는 생두를 선택하고 적당한 비율로 섞는 작업은 복잡하고 어려워 일반인에게는 힘든 일이랍니다. 블렌딩 전문가들이 수많은 시행착오를 거쳐 최고의 비율을 찾아내 만든 결과물인 거예요. 우리는 이렇게 블렌딩된 커피를 마시고 있는 것이고요.

블렌딩을 마친 후 로스팅하는 것을 선 블렌딩이라고 하고 로스팅한 뒤에 블렌딩하는 것은 후 블렌딩이라고 합니다.

그럼 세계 최초로 개발된 블렌딩 커피는 무엇일까요? 예멘의 모카와 인도네시아의 자바 커피를 섞은 모카자바입니다. 모카의 강한 신맛과 적당한 쓴맛, 부드러운 향에 자바의 바디감이 더해져 스트레이트에서 맛볼 수 없는 새로운 커피가 탄생했죠. 모카자바는 시중에서 많이 판매되었던 대표적인 블렌딩 커피입니다. 이를 시작으로 다양한 블렌딩 커피가 만들어졌죠.

블렌딩 커피는 수많은 종류가 존재하고 지금도 어디선가 새로운 블렌딩 커피를 개발하고 있을 거예요. 커피 전문점에도 자신만의 개성 있는 블렌딩 커피를 내놓고 있지요. 이를 하우스 블렌드House Blend라고 합니다. 블렌딩 커피를 충분히 이해하셨다면 커피 전문점의 하우스 블렌드 커피를 마실 때 어떤 특징이 있는지 살필 수 있는 여유가 생길 거예요.

| 한 가지 원두를 사용한 경우 'SINGLE ORGIN'이라고 표기되어 있고, 여러 가지 원두를 섞은 경우엔 'BLEND'라고 표기되어 있다. 원두인 경우는 Whole bean, 분쇄 커피인 경우는 GROUND라고 표기되어 있다.

15 카페인이 없는 디카페인 커피는 어떻게 만들어지나요

#디카페인 원두 #스위스 워터 프로세스 #초임계 이산화탄소 추출법 #유기용매 추출법

디카페인 커피Decaffeination Coffee라는 말을 한 번쯤은 들어 봤을 거예요. 카페인에 민감한 사람들도 즐겨 마실 수 있기 때문에 날이 갈수록 인기가 높아지고 있어요. 모 커피 브랜드가 진행한 조사에 따르면 10명 중 1명은 디카페인을 마신다고 해요. 시간이 흐를수록 그 이용률이 증가하고 있어서 커피숍에서도 다양한 디카페인 상품이 개발되고 있답니다.

그럼 디카페인은 무엇을 뜻하는 걸까요? 말 그대로 카페인이 없는 커피를 말해요. 그렇다고 카페인이 아예 없는 건 아니고, 카페인 함량을 95~99% 제거한 커피랍니다. 국가마다 기준이 다르지만 국제 기준상 카페인이 97% 이상 제거되어야 디카페인 커피라고 합니다.

디카페인 생두(아래)가 일반 생두보다 어둡습니다.

디카페인이 최근 들어 주목을 받기 시작해서 생긴 지 얼마 안 됐다고 생각할 수 있겠지만, 사실 디카페인 커피는 오래전부터 있었어요. 그러나 과거에는 디카페인 커피를 만들기 위해 거치는 과정에서 커피의 맛과 향이 많이 손실되는 탓에 디카페인 커피는 맛이 없다는 인식이 생겨나 인기가 없었죠. 하지만 요즘에는 공법이 다양해지고 기술력이 좋아져서 맛과 향이 잘 보존된 디카페인 커피들도 많아졌어요. 어떤 때는 같은 농장에서 수확된 생두 중 일반 생두보다 디카페인 생두가 더 맛있는 경우도 있답니다. 스페셜티만큼은 아니어도 전문가도 일반 커피와 구분하기 어려울 정도라고 하니 디카페인의 기술이 얼마나 좋아졌는지 알 수 있겠죠.

디카페인 공정이 들어간 생두는 일반 생두와 다르게 적은 열만으로도 쉽게 검해지므로 강배전처럼 보이기 쉽습니다.

그럼 디카페인은 어떻게 만들까요. 보통 생두 상태에서 가공을 통해 카페인을 제거해요. 대표적인 공법에는 스위스 워터 프로세스, 초임계 이산화탄소 추출법, 유기용매 추출법이 있어요. 그중 가장 대중화되어 널리 쓰이는 방식은 스위스 워터 프로세스 방식Swiss water process이에요. 이 공정은 생두에서 카페인을 포함한 물질을 물에 녹여낸 후 카본필터로 카페인을 걸러내 제거합니다. 그 후 카페인이 제거된 향미 성분의 물을 다시 생두에 흡수시킨 뒤 건조시킵니다. 이런 과정을 거치고 건조시키면 카페인이 거의 없는 생두가 만들어진답니다. 이 방식이 다른 방법에 비해 비용이 많이 들어도 인기가 있는 이유는 화학 용재를 사용하지 않고 증기를 이용해 친환경적이면서 맛과 향의 손실이 적기 때문입니다. 디카페인 생두가 일반 생두에 비해 더 많은 공정을 거친다는 알게 되셨나요. 디카페인 커피가 일반 커피보다 비싼 이유도 여기에 있답니다.

디카페인 커피는 커피 전문점에서만 마실 수 있는 것은 아니에요. 인스턴트 디카페인 커피뿐만 아니라 원두 쇼핑몰에서 디카페인 생두나 원두를 판매하고 있으니 나에게 맞는 제품을 구매해서 집에서도 디카페인 커피를 즐겨보세요.

16 커피는 원두를 갈아서 사용해요

#그라인딩 #그라인더 #분쇄도

로스팅한 원두를 커피에 사용하려면 먼저 곱게 갈아야 합니다. 곱게 갈아야지만 커피 추출 도구를 이용하여 커피를 뽑을 수 있거든요. 이와 같이 원두를 가는 작업을 그라인딩Grinding이라고 하고 그라인딩 장치를 그라인더Grinder라고 불러요. 그라인딩이라고 해서 단순히 원두를 갈면 끝나는 게 아니에요. 얼마나 곱게 갈아야하는지, 어떤 추출 도구를 사용하는지에 따라 달라지기 때문에 추출 도구에 맞게 갈아 주어야 해요.

원두를 지정된 크기만큼 그라인딩하는 일은 언뜻 단순해 보이지만 그리 간단한 작업이 아니에요. 원두 파우더를 균일한 크기로 만드는 게 중요하거든요. 품질이 좋은 그라인더일수록 균일한 크기의 원두 파우더를 만들어 준답니다. 그래서 좋은 그라인더 기기는 커피머신만큼 비싸답니다. 많은 바리스타가 커피머신보다 그라인더의 중요성을 강조하는 이유도 여기에 있어요.

그라인딩하는 게 귀찮다면 그라인딩 작업이 끝난 원두를 구매하는 방법도 있어요. 그러나 앞에서 배웠듯이 그라인딩한 후

> 그라인더를 구매할 때 내가 추출할 커피 방식에 맞는 분쇄도를 충분히 지원하는 지 확인하도록 합니다.

원두의 신선도가 급격히 떨어지므로 커피의 맛과 향을 제대로 즐기려면 사용하기 직전에 직접 그라인딩을 하기를 추천해요.

그라인더 작업의 핵심은 분쇄 크기입니다. 커피를 어떻게 만들 것인지에 따라 사용할 원두 분쇄 크기가 다르거든요. 어떤 커피를 만드는가에 따라 분쇄 크기는 간단히 4가지로 나누어져요. 증류 방식의 모카포트 기기나 에스프레소 기기를 사용하는 경우는 매우 곱게 갈아야 하고, 콜드브루 기기를 이용하여 찬물로 커피를 우려내는 콜드브루로 마실 경우는 곱게 갈고, 드립필터에 원두를 넣고 뜨거운 물로 우리는 핸드드립은 거칠게, 압착기기인 프렌치 프레스를 이용하는 경우에는 매우 거칠게 갑니다.

크게 4가지로 분쇄도 크기를 분류했지만 실제로는 더 세세하게 분류됩니다. 기기의 특성, 원두의 특성, 주변 환경 등에 따라

| 매우 고운 단계 : 에스프레소용

| 고운 단계 : 콜드브루용

민감하게 달라지거든요. 원두의 로스팅 정도와 디게싱 정도에 따라서도 적절한 분쇄도는 달라지기 때문에 계속해서 테스트 해가며 적정 분쇄도를 찾아가는 게 좋습니다. 제일 간편한 방법은 사용하는 그라인더 설명서에 있는 분쇄 안내를 참고하는 거예요. 안내에 맞게 기준을 잡은 후 커피의 추출 시간과 맛을 보고 분쇄도를 조금씩 조절해 가면 적정 분쇄도를 알 수 있어요. 추출 시간에 따른 분쇄도 조절 방법은 간단해요. 같은 양의 커피를 담았을 때 내가 목표하는 추출 시간보다 빠른 경우는 분쇄도를 조금 더 가늘게 조절하고, 반대의 경우 굵게 조절하면 됩니다. 그리고 분쇄도에 감이 좀 생기면 분쇄된 원두 파우더를 눈으로 확인하고 만져 보면서 크기와 질감을 느껴보세요. 그러다 보면 분쇄도에 자신이 생길 거예요.

에스프레소보다 더 고운 분쇄가 필요한 커피도 있습니다. 바로 튀르키예식 커피인 튀르크 커피입니다. 이 커피는 물과 커피를 섞은 잔을 뜨거운 모래에 올려 고온으로 끓여서 만드는 방식으로 매우 고운 분쇄가 필요합니다.

| 거친 단계 : 드립용

| 매우 거친 단계 : 프렌치 프레스용

실제 크기의 분쇄도 이미지입니다. 이미지 옆 동그라미 원 안에 분쇄한 원두를 올려놓고 크기를 비교해 보세요.

17 수동 그라인더에 대해 알아봐요

#수동 그라인더 #핸드밀

그라인더는 어떻게 생겼을까요? 그라인더는 동작 방식에 따라 칼날과 연결되어 있는 핸들을 손으로 돌려서 가는 수동 핸드형인 핸드밀과 전기 모터로 칼날을 고속으로 회전시켜 빠르게 분쇄하는 전동형이 있어요. 먼저 수동 그라인더인 핸드밀에 대해서 알아볼게요.

핸드밀은 윗부분에 있는 핸들을 돌려 원두를 가는 기기로 자동 그라인더에 비해 가격이 저렴하고 전기를 쓸 수 없는 야외에서도 사용할 수 있는 장점이 있어요. 그러나 직접 손으로 작업하는 과정에서 꽤 힘이 들고 시간도 오래 걸리는 단점이 있습니다.

| 다양한 형태의 핸드밀

핸드밀의 구조를 살펴보면 크게 세 부분으로 나눠져 있어요. 핸들이 있는 상단 부분과 원두를 담고 원두를 그라인딩할 칼날이 있는 몸통 부분, 그리고 그라인딩된 원두 파우더가 담기는 컨테이너로 구성되어 있죠. 윗부분에 있는 큼지막한 핸들은 내부의 칼날과 연결되어 있습니다. 몸통 부분에 원두를 넣고 각 부분을 결합한 후 핸들을 돌리면 핸들에 연결된 칼날이 회전하면서 원두를 가는 구조입니다.

원두 분쇄 크기는 원두 분쇄 조절 레버를 조절하면 칼날 사이의 간격이 조절되는데 이 간격을 조절해서 원두 분쇄 크기를 조절할 수 있어요. 보급형 핸드밀은 에스프레소용처럼 0.4mm 이하로 작게 분쇄하기에 어려움이 있어요. 에스프레소용으로 사용하기를 원한다면 구매시 에스프레소용 분쇄 크기를 지원하는지 확인해야 해요. 그리고 각 기기마다 사용 방법에 차이가 있으므로 사용 전에 설명서를 읽어보는 것이 좋습니다.

| Kinu M47 모델의 분해도

| 핸드밀 분쇄 조절링

핸드밀은 대부분 10만 원 내외로 가격이 형성되어 있지만 20만 원대가 훌쩍 넘는 전문가용도 있어요. 이러한 제품은 어떤 특징을 가지고 있을까요. 바로 그라인더의 생명인 칼날에 있어요. 전문가용은 칼날이 무척 정교해서 정확하고 균일하게 분쇄되며 분쇄 크기 설정 또한 가능합니다.

전문가용은 당연히 에스프레소용의 작은 크기의 분쇄도 가능해요. 분쇄된 원두 파우더를 담는 컨테이너도 특수 재질을 사용하여 정전기로 인해 원두의 미세한 가루인 미분이 컨테이너 내벽에 달라붙는 문제를 줄여 주고 핸들도 고급 베어링을 사용하여 보다 손쉽게 핸들링할 수 있도록 되어 있답니다.

핸드밀은 직접 손으로 돌려 분쇄하기 때문에 전동 그라인더에 비해 회전수가 높지 않아 발생하는 열도 적어요. 칼날의 회전이 많으면 칼날에 열이 발생하는데 이 열이 원두에 닿아 원두의 수분을 손실시켜 원두의 질을 떨어뜨릴 수 있습니다. 핸드밀은 전동 그라인더에 비해 회전수가 적어 더 양질의 분쇄 원두를 얻을 수 있어요.

| Kinu M47 Classic, 코만단테 C40 MK4

18 자동 그라인더에 대해서 알아봐요

#호퍼 #컨테이너 #포타필터 #도저 #분쇄도 조절 장치

자동 그라인더는 전동을 이용하여 그라인딩하는 기기를 말합니다. 핸드밀처럼 손으로 돌리지 않아도 되고 속도도 빠르기 때문에 그라인딩이 한층 수월해지죠.

핸드밀과는 비교도 안 되게 편리하지만 그만큼 가격도 비싸요. 핸드밀 크기의 전동형 제품도 있지만 보통 전동 그라인더는 스탠드형 제품을 많이 사용합니다. 페이마 600N, 800N이나 바라짜 엔코, 브레빌 BCG820 등 가성비 좋고 저렴한 10~20만 원대의 제품들이 있어서 홈카페로 사용하기에 그나마 접근하기 쉽죠. 고급형으로 올라가면 300만 원이 훌쩍 넘을 정도로 가격이 천정부지로 치솟아요. 상위 모델에는 빅토리아 아르두이노 미토 스원, 말코닉 E80, EK43, 메져 로버s 등의 제품들이 있습니다.

> 페이마 600N, 800N은 에스프레소용보다는 핸드드립에 적합합니다. 에스프레소용으로 이용하려면 바라짜 엔코나 브레빌 BCG820 등의 제품을 이용하세요.

| 보급형 : 페이마 600N, 800N, 바라짜 엔코, 브레빌 BCG820

| 중급형 : 안핌 슈퍼카이마노, 피오렌자또 f64e, 바라짜 세테 270, 어바닉 080

| 고급형 : 빅토리아 아르두이노 미토스원, 말코닉 E80, EK43, 메저 로버s

자동 그라인더는 홈카페에서 커피머신만큼이나 중요한 역할을 하는 장비 중 하나예요. 그러므로 자동 그라인더에 대해서도 잘 알아두어야 한답니다. 그럼 자동 그라인더의 구조를 살펴볼게요.

위의 구분은 가격대별로 대표적인 모델을 중심으로 분류하였습니다. 가정용이라면 보급형으로도 충분한 좋은 결과를 얻을 수 있습니다.

가정용 자동 그라인더는 원두를 담을 수 있는 통인 호퍼가 위에 달려 있어요. 그리고 본체 밑에는 분쇄된 원두 파우더가 담기는 컨테이너가 있답니다. 원두 파우더는 정전기에 약해 컨테이너의 면에 달라붙어 잘 떨어지지 않기 때문에 컨테이너에 뚜껑이 있거나 컨테이너 재질도 정전기가 발생하지 않는 재질로 제작됩니다.

상업용 모델을 살펴보면 대부분 별도의 컨테이너가 없는데 이는 컨테이너에 담기보다 에스프레소 머신에서 파우더를 담는 포타필터로 직접 받을 수 있도록 포타필터 홀더가 장착되어 있기 때문이에요. 일부 그라인더 홀더에는 훅 장치가 있어서 포타필터로 훅을 누르면 그라인더가 동작하게 되죠.

훅 장치는 포타필터 홀더에 포타필터를 거치하면 버튼 또는 걸쇠가 눌려 그라인더를 동작하게 하는 장치를 말합니다.

그리고 어떤 제품들을 보면 그라인더에 도저라는 장치가 달려 있는 제품도 있습니다. 도저는 그라인딩된 원두 파우더를 바로 추출하지 않고 보관해 두는 기능이에요. 도저에 보관된 파우더는 파우더 뭉침이나 정전기를 제거해 주며 커피 추출 레버를 눌러 정확한 양의 파우더를 도징합니다. 보통 추출이 많은 상업용으로 주로 사용되며 대표적인 모델에는 메저, 안핌 시리즈 제품들이 있어요. 요즘 카페에서는 도저라는 과정을 추가하는 것이 번거로워 선호도가 떨어지고 있는 추세예요.

아직도 이탈리아 등 전통 에스프레소 바 문화를 선호하는 카페에서는 도저가 달린 그라인더를 사용합니다. 도저가 달린 그라인더는 미리 그라인딩을 해놓은 뒤 빠른 시간에 레버 동작만으로 커피를 도징할 수 있는 장점이 있어요.

호퍼에 피스톤처럼 생긴 블로업 호퍼가 달려 있는 제품도 있습니다. 이 장치는 그라인딩한 후 블로우업 호퍼를 펌핑하여 그라인더 속에 남아있는 커피 가루를 털어주는 역할을 합니다. 이 기능을 통해 잔량을 줄여주고 칼날에 끼인 커피 가루로 발생하는 찌든 때도 줄여 줍니다. 블로업 호퍼는 기기에 장착되어 있는 제품도 있고 호환되는 블로업 호퍼를 구매해서 장착할 수도 있습니다.

| 그라인더 구조

그라인더를 사용할 때 중요한 점 중 하나는 원두 파우더의 정확한 양을 측정해야 한다는 점입니다. 도저가 달려있지 않은 대부분의 자동 그라인더는 그라인딩 타이머가 내장되어 있어요. 하지만 정전기나 토출구에 남아있는 원두의 잔량 등에 의해 배출되는 커피 파우더의 양이 항상 일정치는 않습니다. 그렇기 때문에 일정한 추출을 위해서라면 원두를 그라인딩하기 전과 후로 나누어서 각각 저울로 측정하는 것이 좋습니다.

이번에는 분쇄도 조절 장치에 대해서 알아볼게요. 분쇄도 조절 장치는 기기마다 차이가 있지만 보통 호퍼통을 연결하는 부분이나 추출구 입구 등의 위치에 링 형태로 구성되어 있어요. 이 링을 돌려 분쇄도를 조절할 수 있답니다. 분쇄도는 0부터 지정된 단계까지 수치로 표시되어 있으며 수치가 낮을수록 작게 분쇄됩니다. 원두를 분쇄하기 위해 두 개의 칼날이 맞물려 있는데 분쇄도를 너무 가늘게 설정하면 칼날 사이의 간격이 좁아져서 칼날끼리 닿아 망가질 수 있어요. 기기를 처음 구매한 후 테

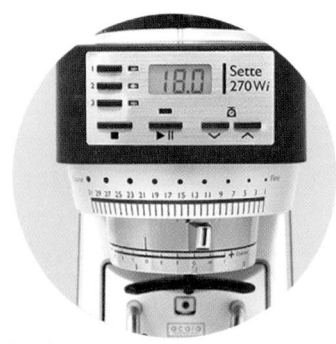
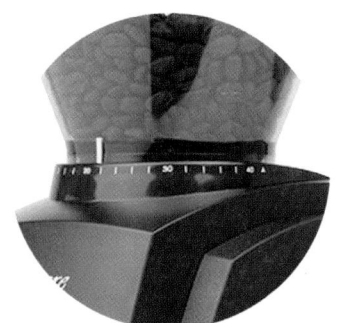

| 분쇄 조절링

스트할 때는 분쇄도 수치를 높게 설정해 작동하고, 분쇄도를 작게 줄일 때도 천천히 단계별로 한 칸씩 줄이도록 합니다. 또한 분쇄도를 조절한 직후에는 토출구에 이전 분쇄도로 갈린 커피 파우더가 남아있기 때문에 2~3회 정도 갈아내고 나서 테스트 하는 게 좋아요.

분쇄도 변경시 미세 조절만으로도 큰 단위로 바뀔 수 있어요. 그러므로 분쇄도 조절 시에는 링을 한 번에 많이 돌리지 않도록 유의합니다.

앞에서 설명한 내용을 정리해 보면 저가용 그라인더는 특별히 편리한 기능은 없지만 간단하게 홈카페용으로 사용하기에 충분합니다. 보다 퀄리티 있는 커피를 추출하기 원한다면 고급형 그라인더를 선택하는 것도 방법이에요. 그러나 가격이 비싸기 때문에 보통 저가용으로 그라인더에 익숙해진 후 보급형이나 고가용으로 옮겨가는 게 일반적이죠. 고급형은 빠르고 균일한 그라인딩 작업을 지원할 뿐 아니라, 정교해진 타이머 기능, 포타필터 거치 용이성 등 편리한 기능을 지원하기 때문에 가정용보다는 카페와 같은 상업용으로 많이 이용됩니다.

19 그라인더 구매 시 요건 확인하세요

#코니컬 버 #플랫 버

쇼핑몰에는 수많은 그라인더 제품을 판매하고 있어요. 가격도 만 원부터 기백만 원하는 제품까지 각양각색이라 제품을 선택하기에 어려움이 있지요. 가장 좋은 선택 방법은 인지도가 있는 제품을 구매하는 것이에요. 앞에서 소개한 제품을 중심으로 이모저모 따져 본 다음 나에게 맞는 제품을 구매하세요. 그라인더를 구매할 때 확인할 사항에는 어떤 것들이 있는지 알아볼게요.

첫번째는 그라인더의 핵심인 칼날이에요. 칼날 재질은 보통 스테인리스나 세라믹 재질로 되어 있고 동작할 때 발생하는 열을 줄여 주는 티타늄을 사용한 제품도 있습니다. 스테인리스 재질은 절삭력이 우수하여 에스프레소용 분쇄 크기도 지원하지만 동작 중에 열이 발생하기 쉬워 원두의 맛과 향이 변할 수 있고 칼날을 세척할 때 물을 피해야 하는 단점이 있어요. 그렇다고 스테인리스 재질이 모두 에스프레소용으로 적합한 것은 아니에요. 같은 재질이어도

| 세라믹 칼날과 스테인리스 칼날

칼날의 절삭력에 따라 분쇄 크기에 차이가 있기 때문에 구매할 제품이 지원하는 분쇄 크기를 확인하는 걸 잊지 마세요.

세라믹은 칼날이 무디고 절삭력이 약해서 에스프레소용 분쇄 크기를 지원하지 않는 경우가 대부분이에요. 그러나 물 세척이 가능해 관리가 쉽고 열 발생도 적어 원두의 휘발을 줄여준다는 장점도 가지고 있지요. 보통 저가 핸드밀 제품에 많이 사용되는 재질입니다.

칼날의 구조도 살펴봐야 해요. 칼날의 구조는 크게 코니컬 버Conical Burr와 플랫 버Flat Burr로 나눌 수 있어요. 여기서 버Burr는 칼날을 뜻해요. 코니컬 버는 나사선처럼 생긴 한쪽 칼날이 고정되어 있는 칼날과 맞닿아 움직이면서 그라인딩하는 방식입니다. 이 방식은 회전 속도가 느리지만 많은 양의 원두를 처리하며 커피의 성분과 향의 손실이 적다는 장점을 가지고 있어요.

플랫 버는 톱니 모양의 칼날이 서로 맞물려 있는 구조로 맷돌처럼 가는 방식입니다. 칼날 회전 속도가 빠르고 분쇄 크기가

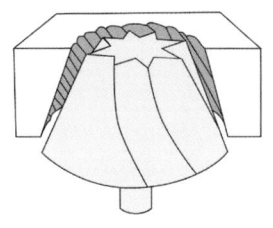

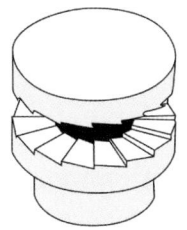

| 플랫 버와 코니컬 버

일정해 추출의 균일성에 우수하다는 장점을 가지고 있습니다. 다만 코니컬 버보다 커피의 성분과 향이 다소 손실되는 단점이 있어요.

고가의 그라인더에 코니컬 버를 사용하는 경우가 종종 있지만 그렇다고 코니컬 버가 무조건 우수한 것은 아니에요. 오히려 성능이 뛰어난 플랫 버가 좋은 경우도 많아요. 각기 고유한 특징을 가지고 있으므로 나에게 잘 맞는 그라인더를 골라 보세요.

다음은 칼날의 크기도 확인할 필요가 있습니다. 전문가용일수록 칼날의 크기가 커요. 칼날이 클수록 고르고 빠른 그라인딩 작업을 할 수 있기 때문이죠. 특히 전문가용 그라인더를 사용할 때는 칼날 교체 부분도 생각해야 합니다. 칼날은 소모품이라 날이 무뎌지면 새 칼날로 바꿔줘야 하는데 교체용 칼날을 구하기 어렵거나 너무 비싸면 안 되니까요. 관리가 용이한 제품을 선택하도록 합니다.

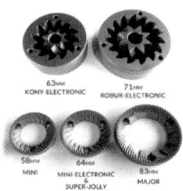

고급형일수록 칼날의 크기가 큽니다.

그라인더를 선택하는 또 하나의 기준으로 열 발생을 줄여 주는 제품이 좋아요. 칼날이 회전하면 열이 발생되는데 이 열은 원두의 향을 손실시키는 요인이므로 열을 줄여주는 장치가 있는 그라인더를 사용하는 것이 좋습니다. 열을 줄이기 위해 칼날을 저속으로 회전하거나 열을 식혀주는 팬을 이용하는 장치도 있고, 과열 방지 시스템을 탑재하여 모터의 열이 원두에 전달되지 않도록 해주는 장치도 있답니다.

다음은 커피 추출 용도에 적합한 그라인더의 방식을 확인합니다. 대표적으로 핸드드립 용도와 에스프레소 용도로 나뉘어요. 그라인더 타이머가 지정 가능하고 포타필터 거치가 용이한 그라인더는 에스프레소용으로 적합합니다. 반대로 핸드드립용은 우선 분쇄 입자 크기가 커서 에스프레소용으로 적합하지 않고 포타필터 거치대도 없답니다.

호퍼에 원두를 담아 두지 않고 추출할 때마다 일일이 원두를 넣어서 사용한다면, 호퍼가 없는 제품을 이용하는 것도 좋아요. 이러한 경우 사용할 양만큼 투입구에 넣어서 사용해야 합니다. 추출량이 많지 않은 가정용으로 사용하기에 적합합니다.

다음으로 청소가 쉬운지도 확인해야 해요. 그라인더를 사용하면 원두 찌꺼기가 칼날 등에 낄 수 있는데 이러한 찌꺼기를 제대로 청소하지 않으면 커피맛의 선명도에서 불리해요. 그라인더를 청소할 때는 제품 설명서에서 알려주는 대로 그라인더를 분해한 후 솔을 이용하여 부품을 닦아 주세요. 세라믹 칼날은 물로 청소해도 되지만 대부분의 스테인리스나 합금 재질은 물에 취약하므로 가급적 물 세척은 삼가합니다. 물 세척이 가능하다고 하더라도 청소 후 물기가 남아있지 않게끔 완전히 닦아 내야 해요. 물기가 남아 있다면 녹이 슬기 쉽고 수분이 원두와 접촉하는 순간 조금씩 추출이 일어나기 때문에 목표하고자 하는 맛이 나오기 어려워요. 녹이 발생했을 땐 베이킹소다를 섞은 물을 수세미에 적셔 녹을 닦아 냅니다. 이처럼 청소를 하려면 분해가 쉬워야겠죠. 청소할 때 번거롭지 않으려면 분해하기 쉬운 구조로 되어 있는 제품으로 골라야겠죠.

그라인더 날 청소에 사용하는 솔은 날이 손상되지 않도록 거칠지 않은 부드러운 솔을 사용하세요.

20 침출식 커피 추출 기기를 알아봐요

#침출식 #사이폰 커피 #플라스크 #로드 #진공관 #융필터 #콜드브루 #더치커피 #프렌치 프레스

그라인딩 된 원두 파우더에 물을 여과해서 커피를 만드는 방법을 침출식이라고 해요. 침출식은 에스프레소처럼 진하지 않은, 연하고 부드러운 커피예요. 침출하는 방법은 여러가지가 있어요. 장비도 다양하고요. 여기서는 자주 사용되는 침출식 커피들을 살펴보겠습니다.

사이폰 커피

사이폰Siphon은 수증기압을 이용하여 커피를 만드는 침출식 장치예요. 1840년대 유럽에서 처음 고안된 사이폰은 마치 실험 도구처럼 여러 개의 투명 용기와 알코올 램프로 구성되어 있어요. 용기에 물을 넣고 끓이면 증기압에 의해 물이 올라가고 내려가는 과정을 눈을 볼 수 있답니다. 이 모습이 아름다워 눈으로 마시는 커피라고 불리기도 한답니다.

사이폰의 구조는 크게 하부의 플라스크와 상부의 로드, 그리고 상부와 하부에 끼우는 진공관으로 이루어져 있어요.

사용 방법은 수증기만 통과하고 물은 통과하지 못하게 하기 위해서 진공관에 융 필터를 끼운 후 로드 안쪽 입구에 진공관을 끼웁니다. 필터에는 스프링이 달려 있는데 스프링을 진공관 끝에 걸쳐 필터를 고정하고 필터 사이에 물이나 수증기가 세지 않도록 합니다.

준비가 다 되었으면 로드에 물을 채운 후 램프에 불을 붙여 열을 가합니다. 이때 로드는 플라스크에 살짝 걸쳐 두는데 이는 예열을 통한 급격한 온도 변화로 유리가 깨지는 것을 방지하기 위한 조치입니다.

| 사이폰 구조

물이 끓기 시작하면 플라스크에 로드를 바르게 끼웁니다. 잠시 후 플라스크의 물이 끓으면서 수증기의 압력으로 진공관을 통해 물이 로드로 밀려 올라가기 시작합니다. 로드에는 물이 서서히 차오르게 되겠죠. 로드에 물이 차오르면 분쇄한 원두를 넣고 막대가 필터에 닿지 않도록 조심하면서 서서히 저어 줍니다. 이때 사용하는 원두 분쇄 크기는 보통 크기입니다.

약 45초가 지나면 램프의 불을 끕니다. 그러면 진공관을 통해 서서히 물이 아래로 내려갑니다. 추출이 끝나고 위에 거품이 살짝 생길 때까지 기다리면 커피가 완성됩니다. 어때요, 커피 내리는 모습이 예쁘겠죠.

사이폰 커피는 커피의 양, 커피를 섞는 시간, 가열 시간 등에 따라 맛이 달라져요. 원하는 맛을 자유자재로 만들려면 연습이 필요하답니다.

사이폰 커피는 진하고 풍부한 맛보다는 부드럽고 가벼운 맛

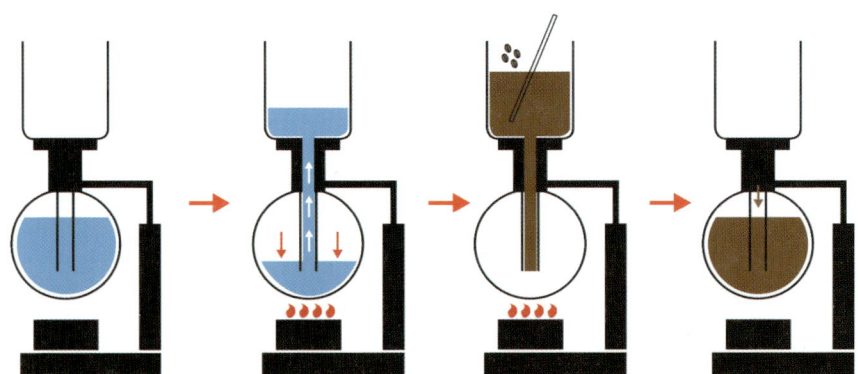

| 사이폰으로 커피를 추출하는 과정

을 내요. 조금은 밋밋할 수 있는 사이폰 커피는 처음 개발된 후 오랜 기간 관심받지 못했어요. 그러다가 최근 들어 마니아들 사이에서 꽤 인기를 끌고 있는데, 커피의 맛도 좋지만 커피를 내리는 과정이 아름답기 때문이지 않을까 생각돼요.

사이폰 기기는 인터넷 쇼핑몰에서 생각보다 저렴한 가격으로 구매할 수 있으니 아름다운 커피를 원하신다면 한번 도전해 보는 것도 좋답니다.

콜드브루

콜드브루는 더치커피라고도 부르는 이 커피는 찬물로 원두를 적셔서 추출하는 방식을 말합니다. 콜드브루는 찬물을 한 방울씩 원두에 떨어뜨려서 추출하는 방식이라 추출 시간이 오래 걸린다는 단점이 있지만 사이폰처럼 시각적인 재미를 주기 때문에 인테리어용으로 인기 있는 커피 메이커입니다.

> 더치커피는 네덜란드에서 찬물로 우려내는 방식을 보고 일본에서 붙인 네덜란드식 커피를 뜻하는 것으로 콜드브루와 같은 말입니다.

기본적인 콜드브루 기기는 윗부분에 물을 담는 공간이 있고 밑에 노즐이 있습니다. 노즐을 돌려 한 방울씩 떨어지게 할 수 있죠. 그 밑에는 커피를 채울 수 있는 공간이 있는데 이곳에 종이 필터를 끼우고 약 75g 정도의 곱게 간 원두 파우더를 넣습니다. 파우더는 탬퍼Tamper라는 도구로 가볍게 눌러 균등하게 쌓는 작업이 필요하답니다. 준비가 되었으면 위쪽 물통에 원두의 10배 분량의 물을 채워주세요. 원두 75g을 채웠으면 물은 750mL를 넣어 주면 되겠죠. 원두 공간 밑에는 원두를 거쳐 한

> 콜드브루는 필터를 통해 한 방울씩 떨어 뜨리는 방식 이외에 커피를 찬물에 담고 12시간 정도 우려내는 침출식 방식도 있습니다. 침출식보다는 필터를 이용하는 것이 맛과 향이 좋습니다.

방울씩 떨어지는 물이 모이는 공간입니다. 다시 정리하자면 물 한 방울이 원두에 떨어지고 여기서 내려진 추출물이 밑에 모이는 구조랍니다.

시중에서 판매하는 아메리카노를 비롯한 농도로 추출하려면 원액과 물을 1:1 비율로 희석해서 사용하세요.

기존의 콜드브루 기기는 부피가 큰 편이었으나, 최근에는 사용법이 간소화된 소형 제품도 많아져 사용하기 편해졌어요.
콜드브루로 추출한 커피는 냉장 보관하고 마실 때는 적정량의 커피를 덜어 물과 섞으면 돼요. 콜드브루는 시간이 오래 걸리지만 미리 설치해 두고 추출해서 보관하는 방식으로 이용하면 가정에서 저렴하게 콜드브루를 만들어 마실 수 있답니다.

콜드브루는 실온 또는 차갑게 보관하기 때문에 추출 후 유리병에 담아두면 좋아요. 병에 담긴 모습이 보기 좋아서 선물용으로 인기 있어요.

콜드브루가 일반 커피보다 카페인 함량이 높습니다.

프렌치 프레스

프렌치 프레스는 커피를 물에 담가서 추출하는 침출식 기기입니다. 특별한 장치 없이도 어디서나 이용할 수 있기 때문에

| 콜드브루 메이커와 간소형 제품, 침출식 메이커

많이 애용되고 있죠. 사용 방법은 간단해요. 뜨거운 물과 프렌치 프레스만 준비하면 됩니다.

먼저 거칠게 간 원두 20g을 넣고 뜨거운 물 250mL를 붓습니다. 1~2분 정도 기다린 다음 프렌치 프레스 뚜껑을 끼우고 뚜껑의 플런저를 끝까지 눌러 원두 가루를 밑으로 내려 분리한 후 내용물을 따르면 끝이에요. 간단하죠. 프렌치 프레스로 추출한 커피는 부드러운 맛이 나요. 마실 때는 바닥에 원두 가루가 남아 있을 수 있기 때문에 마지막 한 모금은 남기는 것이 불문율이랍니다.

프렌치 프레스는 다른 드립 커피와 다르게 종이 필터를 사용하지 않아 커피의 지용성 성분이 걸러지지 않기 때문에 바디감이 조금 더 있고 기름 성분이 혀를 코팅해주며 자극적인 쓴맛이 느껴진답니다.

프렌치 프레스는 구조상 원두 찌꺼기가 남아 있을 수 있으므로 바닥에 가라앉아 있는 찌꺼기는 마시지 않는 것이 좋아요.

21
모카포트로
에스프레소 커피를 만들어 봐요

#모카포트 #모카 익스프레스 #레인보우 모카포트 #스테인리스 모카포트 #뉴브리카 모카포트 #무카 익스프레스 #모카포트용 삼발이

모카포트는 가정에서 간편하게 이용할 수 있는 에스프레소 기기로, 에스프레소의 고장인 이탈리아에는 모카포트가 없는 집이 없을 정도로 대중적으로 인기가 많은 기기입니다.

> 모카포트를 처음 구매할 때는 1~2 컵용으로 시작하는 것이 좋아요.

모카포트는 크기에 따라 1컵용, 2컵용부터 많게는 18컵까지 구분하는데, 이 크기는 한 번에 제조할 수 있는 잔의 개수를 기준으로 나눈 거예요. 큰 용량의 모카포트로 너무 작은 양의 커피를 추출할 경우 맛이 떨어지기 때문에 되도록 제시된 크기에 맞게 사용해야 합니다. 그러므로 웬만하면 평소에 사용할 양에 맞는 크기로 구매하세요.

모카포트는 은색을 띠는 팔각형의 주전자 형태로, 모카포트만이 가지고 있는 독특한 시그니처예요. 그렇다고 모카포트가 한 가지 종류만 있는 건 아니에요. 제품군에 따라 6가지가 있답니다. 가장 일반적인 제품인 모카 익스프레스부터 무지개 색을 가진 레인보우 모카포트, 인덕션에서 사

용할 수 있는 인덕션 모카포트가 있어요. 이 제품들은 모카포트의 기본 모양을 그대로 가지고 있어요.

이와 같은 기본 제품군은 재질이 알루미늄인데 알루미늄은 열 전도성이 좋기는 하지만 열을 가할 경우 중금속이 나오는 문제도 가지고 있어요. 그래서 이러한 문제를 해결해서 위해 스테인리스 재질로 만든 스테인리스 모카포트도 있어요. 이 제품은 모카포트의 고유의 디자인에서 벗어난 형태로 기존 제품과는 또다른 매력을 갖고 있어 인기가 많답니다.

이외에 기존 모카포트의 압력을 조금 더 높여 풍부한 크레마를 제공하는 뉴브리카 모카포트와 우유를 사용할 수 있는 무카 익스프레스 제품도 있답니다. 매우 다양하죠. 사용 용도에 맞게 골라서 구매하면 된답니다.

| 모카 익스프레스, 레인보우 모카포트, 인덕션 모카포트, 스테인리스 모카포트, 뉴브리카 모카포트, 무카 익스프레스

모카포트를 사용할 때 주의해야 할 점이 있어요. 작은 크기의 모카포트를 가스레인지에 사용할 경우 기본 삼발이보다 작아 제대로 거치되지 않는다는 문제를 가지고 있어요. 이런 상태에서 사용하면 화재가 발생할 수 있으므로 작은 모카포트를 안전하게 거치할 수 있는 모카포트 삼발이를 사용하도록 합니다. 모카포트 삼발이를 가스레인지 삼발이에 올려 놓으면 작은 크기의 모카포트도 문제 없지요.

| 모카포트 삼발이

이번에는 모카포트의 구조를 한번 살펴볼게요. 모카포트는 크게 하단 포트와 상단 포트로 구분할 수 있어요. 위아래 포트를 돌려서 분리하면 가운데에 커피 바스켓이 있는데 이곳에 곱게 간 원두를 넣는 공간이랍니다. 바스켓을 뺀 하단 포트에는 물을 넣어요. 이때 물은 안전밸브가 있는 곳까지만 부어주고 바스켓에는 곱게 간 커피 원두를 바스켓 끝 선까지 가득 담아서 평평하게 다지기만 합니다. 준비가 다 되었으면 포트를 결합한 후 모카포트를 끓이면 됩니다. 그러면 서서히 물통의 물이 커피 바스켓을 거쳐 상단의 주전자에 채워집니다. 추출구에서 커피가 올라오면 즉시 불을 끄도록 합니다. 불을 꺼도 잔열이 남아 있어 추출이 계속되기 때문에 커피가 넘치지 않게 하려면 커피 추출이 되자마자 불을 끄도록 합니다.

커피를 추출할 때 모카포트의 재질이 열전도율이 높은 알루미늄이기 때문에 화상에 조심해야 해요. 그리고 추출이 끝난 후에는 깨끗이 세척하고 물기가 남지 않게 잘 말려야 합니다. 알루미늄은 물기가 남아 있으면 부식될 수 있기 때문이에요.

모카포트의 압력은 에스프레소 기기만큼 세지는 않아요. 그래서 에스프레소처럼 크레마가 많은 커피가 만들어지지는 않는답니다. 하지만 수증기의 압력을 이용해 추출했기 때문에 다른 드립 커피보다는 더 진한 맛을 느낄 수 있어요. 커피머신이 없는 집에서도 진한 커피를 즐기고 싶다면 최선의 선택이죠.

| 커피를 추출하는 장면

22 캡슐 커피머신을 살펴봐요

#캡슐 커피 #네스프레소 #돌체구스토 #오리지널 #버츄오 #일리 #룽고

요즘에 가정용 캡슐 커피 인기가 대단하죠. 다양한 종류의 고급스러운 맛을 간편하게 즐길 수 있기 때문이에요. 캡슐 커피는 캡슐 커피머신에 원두가 들어있는 캡슐을 넣어서 간편하게 커피를 추출할 수 있어요. 캡슐과 캡슐 머신만 있으면 언제든지 커피를 추출할 수 있어 매우 편리하죠.

캡슐 커피는 네스프레소의 캡슐 머신을 중심으로 성장하고 있습니다. 네스프레소는 캡슐 종류에 따라 기기를 크게 돌체구스토, 오리지널, 버츄오 세 가지로 나누고 있어요. 각각 추구하는 맛에 차이가 있으며 지원하는 캡슐 크기가 달라 서로 호환되지 않습니다.

> 스타벅스는 네스프레소의 모든 제품군의 커피 캡슐을 제공하여 마트나 쇼핑몰을 통해 손쉽게 구매할 수 있습니다. 최근에는 대중적인 프랜차이즈 브랜드 말고도 개인 로스터리 카페에서도 규격에 맞춘 캡슐을 출시하기도 합니다.

| 돌체구스토, 오리지널, 버츄오 커피머신

| 돌체구스토 캡슐, 네스프레소 오리지널 캡슐, 네스프레소 버츄오 캡슐, 일리 전용 캡슐

그럼 종류별로 어떤 차이가 있는지 살펴볼게요. 돌체구스토는 캡슐 크기가 매우 커요. 그리고 오리지널에 비해 커피 종류는 적지만 라테 캡슐을 별도로 제공하여 스팀 밀크를 따로 만들지 않아도 라테 커피를 만들 수 있다는 장점이 있어요. 기기 가격도 저렴해서 입문자에게 적합합니다.

돌체구스토는 아메리카노를 벗어나 라테, 오트 등 다양한 종류의 커피를 제공하는 것이 특징입니다.

버츄오는 가장 고급 라인으로 캡슐을 기기에 넣으면 자동으로 적절한 온도, 추출 시간 등을 세팅해서 추출해 준다는 장점을 가지고 있어요. 고급 라인답게 기기와 캡슐 모두 제일 비싸답니다.

네스프레소 버츄오는 고급 에스프레소, 아메리카노, 핸드드립 커피 등의 캡슐을 제공합니다.

오리지널은 가장 널리 사용되는 대중적인 기기로 네스프레소 전용 캡슐 이외에 스타벅스, 일리, 라바짜 등 커피 전문업체에서도 네스프레소 오리지널 규격에 맞는 호환 캡슐을 출시하고 있어 아주 다양한 종류의 캡슐을 이용할 수 있어요. 제일 대중적이며 가장 많이 사용되는 모델이라고 할 수 있습니다.

네스프레소 오리지널은 기본적인 아메리카노에 충실한 캡슐들이 주를 이루고 있습니다.

캡슐 커피는 네스프레소 중심으로 캡슐 커피 시장이 형성되고 있지만 네스프레소 호환 캡슐과 커피 기기도 많이 출시되어 사용자가 선택할 수 있는 폭이 넓어지고 있습니다.

이번에는 캡슐 머신의 동작 과정을 살펴볼게요. 캡슐 머신의 전원을 켜면 추출에 사용할 물을 데워 예열을 시작합니다. 예열이 끝나고 추출 버튼이 활성화되면 먼저 캡슐 삽입 공간의 커버를 열어요. 이미 이전에 캡슐을 넣은 경우 캡슐 커버를 열 때 자동으로 캡슐이 분리되어 캡슐 보관함으로 이동된답니다. 캡슐 공간이 비었으면 캡슐 삽입 공간에 새 캡슐을 넣고 커버를 닫으면 캡슐이 고정돼요. 준비되었으면 추출 버튼을 눌러 추출을 시작합니다. 추출 버튼을 누르면 기기에서 바늘이 나와 캡슐에 꽂히고 바늘을 통해 압력과 물이 주입됩니다. 캡슐 안으로 고압의 물이 들어가는데 물은 압력으로 인해 원두 파우더를 거쳐 바스켓 끝 쪽에 추출되어 토출구로 커피 추출물이 나오게 돼요.

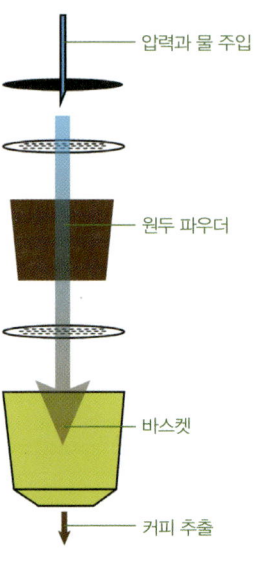

캡슐 커피머신에 있는 작동 버튼 보통 '에스프레소'와 '룽고' 두 가지가 있어요. 에스프레소는 말 그대로 25mL 정도의 적은 양의 에스프레소를 추출할 때 사용하고 룽고는 125mL 정도 분량으로 조금 더 희석된 에스프레소를 뽑을 때 사용합니다. 캡슐은 에스프레소용과 룽고용으로 분류해서 출시되고 있어요. 에스프레소용 캡슐을 넣고 룽고 버튼을 눌러 추출하기도 하지만 각각의 캡슐은 에스프레소와 룽고의 환경에 맞게 설계되어 있

에스프레소용 캡슐 커피로 추출하면 매우 적은 양의 커피가 추출됩니다. 에스프레소의 양에 익숙지 않아 잘못 추출된 건 아닌지 의심이 들기도 하지만 잘못된 것은 아닙니다. 진한 커피의 맛을 즐기기 위한 커피입니다. 만일 아메리카노처럼 마시고 싶다면 에스프레소에 적정량의 뜨거운 물을 타면 마시면 됩니다.

| 네스프레소 커피머신, 일리 커피머신, 에스프레소와 룽고 버튼

일리는 에스프레소 커피에 최적화되어 있어 진한 커피를 즐기기를 원하는 사용자들에게 적합합니다.

기 때문에 이를 무시하고 사용하면 기기의 수명이 줄어들 수 있다고 하니 캡슐을 용도에 맞게 사용하는 것이 좋아요.

캡슐 커피는 사용법이 간단하고 커피 추출도 빨라 편리한 기기지만 단점이라면 캡슐이 비싸다는 점입니다. 다른 커피 제조 방식보다 상대적으로 유지비가 큰 편이에요. 그럼에도 관리가 편하고 다양한 종류의 커피를 즐길 수 있다는 매력 때문에 홈 카페 이용자 사이에서 인기가 높답니다.

캡슐은 상단 부분의 알루미늄 커버와 본체의 플라스틱, 그리고 통에 들어 있는 원두로 나눌 수 있습니다. 이중 알루미늄만 재활용이 가능합니다. 그러므로 사용한 캡슐은 뜯어서 알루미늄만 재활용하고 나머지는 일반 쓰레기에 버리면 됩니다. 이러한 작업이 불편하다면 수거 시스템을 가지고 있는 캡슐 전문 판매처에 반납해서 처리할 수 있습니다.

23
브루잉 커피에 대해서 알아봐요

#브루잉 커피 #드립 커피 #핸드드립 #정드립 #점드립 #푸어 오버 #드리퍼
#종이 필터 #서버 #드립 포트 #전자 저울 #드립 커피머신

커피 파우더를 담은 글라스에 멋지게 생긴 커피 포트로 물을 내리는 이 커피를 브루잉 커피Brewing Coffee 또는 드립 커피Drip Coffee 라고 불립니다. 드립 커피는 부드럽고 깔끔한 맛이 특징이에요. 정성 들여 물을 따르는 기술이 필요하지만, 고가의 커피머신 없이 몇가지 도구만 갖추면 누구나 손쉽게 커피를 만들 수 있다는 매력이 있어요.

드립 커피를 만드는 방법을 살펴보면 단순히 물을 내리는 거라고만 생각되지만 사용하는 도구와 물 붓기에 따라 원두가 물에 잠겨 서서히 커피 성분을 뽑아 내기도 하고, 물이 빠르게 원두를 거쳐가면서 커피 성분을 뽑아 내기도 해요. 그 과정에 따라 커피의 맛이 크게 달라진답니다. 이렇듯 커피 맛을 좌우하기에 드립 방식이 매우 중요해요. 방식에 따라 크게 정드립, 점드립과 푸어 오버Pour over 방식으로 나눌 수 있어요.

커피 가루를 물에 담가서 우려내는 방식을 침출식이라고 합니다.

정드립은 매스컴을 통해 흔히 접해 본 방식일 거예요. 커피 파우더에 가는 물줄기를 정성껏 부으면 물이 필터를 통해 여과되어 커피가 추출되는 방식입니다. 일본의 커피 문화에서 시작된 이 방식은 물줄기를 붓는 기술이 중요해서 어느 정도 숙련도가 필요해요. 대표적인 정드립에는 칼리타, 멜리타, 융 드리퍼 등이 있어요.

드리퍼는 필터를 넣고 원두를 담는 도구로 모양에 따라 다양한 종류의 드리퍼가 있습니다.

점드립은 정드립보다 더 미세한 조절이 필요한 드립 방식이에요. 드립 포트 끝부분에서 물을 한 방울씩 떨어뜨려 커피 파우더 위에 동전 크기의 원을 그리며 추출하는 방식입니다. 물줄기가 자칫 많아지면 정드립이나 푸어 오버 방식이 될 수 있기 때문에 유량 조절에 많은 연습이 필요해요. 대표적인 추출 도구로는 고노 드리퍼가 있습니다.

푸어 오버는 커피 파우더에 붓는 물의 양을 정확하게 계량하고 커피 파우더가 물에 모두 잠기게끔 우려내는 침출식 방식으로 정드립과 점드립에 비해 비교적 빠르게 추출합니다. 숙련된 기술이 필요한 정, 점 드립과 달리 푸어 오버는 정확한 레시피의 물 양을 붓기 위해 계량이 중요합니다. 핸드드립이 작업자의 손길에

드리퍼마다 특징이 있을 뿐, 각각의 드리퍼에 반드시 지켜야하는 방식이 있는 것은 아니에요. 다양한 방법으로 시도해 보는 것도 좋아요.

따라 결과가 달라지는 반면 푸어 오버는 누구나 손쉽게 작업할 수 있을 뿐만 아니라 언제나 동일한 품질을 만들어낼 수 있다는 특징을 가지고 있어요. 대표적인 푸어 오버 방식에는 하리오, 케멕스, 클레버 드리퍼가 있습니다.

필터를 사용하는 커피라서 필터 커피라고도 부릅니다.

드립 커피가 무엇인지 이해되셨나요? 이번에는 드립 커피를 만들려면 필요한 도구에 대해서 알아볼게요. 드립 커피는 몇 가지 도구만 갖추면 사용할 수 있어서 접근성이 좋답니다.

우선 원두 파우더를 준비합니다. 사용하는 도구에 따라 차이가 있지만 핸드드립 커피에는 비교적 거칠게 간 원두가 필요해요. 1잔을 만들 때 보통 18~22g 정도가 사용됩니다.

그리고 추출을 위해 원두를 담아줄 수 있는 드리퍼Dripper라는 도구가 필요합니다. 모양에 따라 다양한 종류의 드리퍼가 있어요. 일반적으로 손쉽게 사용할 수 있는 하리오, 클레버와 조금 더 깊은 맛을 내줄 수 있는 칼리타 드리퍼, 미관상으로 아주 훌륭한 케멕스 드리퍼 이외에 최근에는 종이 필터 없이 사용할 수 있는 드리퍼도 있답니다.

드리퍼를 선택했다면 드리퍼에 사용할 종이 필터가 필요합니다. 종이 필터는 커피를 추출할 때 원두 찌꺼기를 걸러주는 도구로 드리퍼에 끼워서 사용합니다. 각 드리퍼 회사에서 나오는 전용 필터 용지가 있고, 호환해서 사용할 수 있는 필터도 있어요. 종이 필터는 원두 찌꺼기를 제거해주는 기능 이외에 커피의 기름 성분을 제거하는 역할도 합니다. 다만 취향에 따라 커피의 기름 성분이 맛을 표현하는 데 도움이 될 수 있기 때문에 내가 원하는 맛에 따라 종이 필터, 스테인리스 필터 등으로 오일리함을 조절할 수 있어요.

드리퍼에서 추출된 커피를 담는 데 사용하는 서버라는 도구도 필요합니다. 서버는 용량에 따라 350mm부터 800mm까지 다양해요. 1~2인용으로 사용할 경우라면 600mm 정도의 크기면 적당합니다.

서버는 커피 추출물을 담는 역할뿐만 아니라 추출된 양을 체크하는 역할도 맡고 있어요. 그래서 서버를 보면 계량 눈금이 표시되어 있지요. 만일 저울을 사용하여 계량하는 경우라면 서버가 꼭 필요하지는 않아요. 커피 추출물을 담을 수 있는 일반 컵을 이용해도 돼요.

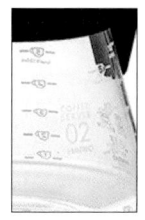
| 계량 눈금

이제 뜨거운 물을 부을 때 사용하는 드립 포트가 필요합니다. 드립용 포트는 물을 조금씩 나누어서 붓기에 알맞도록 토출구가 길다랗게 뽑아져 있어요. 보통 한 잔을 뽑을 때 200~400mm 용량이 필요하므로 자주 사용하는 용량에 맞는 크기의 포트를 선택하도록 합니다.

드립용 포트는 물을 정교하게 내리기 위한 목적으로 만들어진 도구로, 물을 붓느라 오랫동안 들고 있어도 팔이 아프지 않게끔 무게가 가벼운 것이 특징이에요. 드립용 포트로는 물을 끓일 수 없기 때문에 대부분 미리 따로 끓여둔 물을 포트에 담아서 사용합니다. 만일 물을 끓일 수 있는 드립 포트를 이용하고 싶다면 물 끓이기 겸용 제품인 브뤼스타, 펠로우 드립포트 모델을 이용하세요.

전열을 이용하여 물을 끓일 수 있는 간편한 드립 포트도 있습니다. 대신 무게는 그만큼 무거워집니다. 드립 포트를 구매할 때는 나에게 맞는 무게인지 체크해서 구매합니다.

마지막으로 원두 용량과 물의 용량을 잴 때 사용하는 전자 저울이 필요합니다. 원두 한 알의 무게도 잴 수 있도록 0.1g 단위까지 표시하는 성능과 서버를 올릴 수 있는 크기를 갖춘 정밀 저울이면 좋습니다. 레시피에 맞게 원두와 물양을 조절해야 원하는 맛을 이끌어 낼 수 있으므로 저울 사용을 습관화하는 걸 추천해요.

드립 커피를 할 때 필요한 장비를 살펴보았는데 이러한 드립 커피를 보다 손쉽게 만들어주는 드립 커피머신도 있어요. 드립 커피머신Drip Coffee Machine은 예전에 가정에서 주로 사용했던 커피 추출 기기입니다. 상단에 분쇄된 원두를 넣고 전원을 켜면 뜨거운 물이 원두를 적셔서 추출되는 방식입니다. 주전자 밑에는 열선이 있어 항상 따뜻하게 커피를 데워주기 때문에 추출한 후 시간이 지나도 따뜻한 커피를 즐길 수 있지요. 드립 머신은 핸드드립 도구들에 비해 비용적으로 부담이 있지만, 대량으로 추출하거나 번거로움을 줄이는 데 도움이 됩니다.

드립 커피머신은 커피 메이커(Coffee Maker)라고도 불립니다.

24
전자동 커피머신에 대해서 알아봐요

#수동 커피머신 #추출기 #스크린필터

전동 커피는 전기를 이용하여 커피를 추출하는 기기를 말해요. 대부분 에스프레소 커피를 뽑을 때 사용되며 추출 압력을 이용하여 커피를 추출합니다. 전동 커피는 동작 방식에 따라 전자동과 반자동으로 나뉩니다. 전자동은 원두 그라인딩부터 추출까지 한 번에 해주는 장치이고 반자동은 추출만 하는 기계입니다. 여기서는 전자동 커피머신에 대해서 알아볼 거예요.

세계 최초 전자동 커피머신은 1985년 이탈리아의 세코에서 처음 만들었습니다. 이 기기는 가정용으로 원두를 넣으면 그라인딩부터 추출까지 한번에 이루어지는 최초의 전자동 커피머신이었습니다.

전자동 커피머신은 관리하기 어렵고 고가인 탓에 가정용으로 사용하기에 어려움이 많았는데 최근 들어 가격이 비교적 저렴해졌고 예전에 비하면 기기 관리도 편해졌어요. 특히 그라인딩부터 추출까지 자동으로 동작하므로 원두만 넣으면 된다는 편리함 덕분에 홈카페용으로도 널리 사용되고 있습니다.

가정용 전자동 커피머신 기기들은 가전제품 전문업체에서 출시되는 경향이 있어요. 이 기기들의 가장 큰 특징은 '조작하기 매우 쉽다'는 것입니다. 모든 기능이 직관적으로 사용하기 편하게 구성되어 있어 전문적인 커피머신보다는 가정용 기기의 느낌이 더 강해요. 보통 에스프레소 또는 에스프레소보다 오랫동안 추출한 룽고 커피를 뽑을 수 있으며 거품 우유를 만들기 위한 스팀 기능이 장착되어 있어요. 스팀으로 우유 거품을 만들어서 커피에 믹싱하면 라테와 같은 커피도 만들 수 있죠.

 기본 전자동 커피머신의 구성에서 벗어나 소비자의 니즈에 충족하는 획기적인 제품들도 많이 출시되고 있어요. 라테를 좋아하는 사람들을 위해 손수 거품 우유를 만드는 과정 없이 우유를 직접 연결해서 버튼만 누르면 라테나 카푸치노 같은 커피를 한 번에 만들어 주는 제품도 있고요. 커다란 터치 디스플레이를 제공하여 메뉴 선택뿐만 아니라 사용자가 커피 구성을 설정하여 나만의 커피를 만들어 주는 제품도 있어요.

 전자동 커피머신의 동작에 대해 알아보기 전에 전자동 커피머신은 어떻게 구성되어 있는지 살펴볼게요. 전자동 커피머신은 원두를 넣는 공간이 있어요. 보통 기기 윗부분에 있는데 이곳에 원두를 넣도록 구성되어 있죠. 어떤 제품은 분쇄한 원두 파우더

| 필립스 1200, 드롱기 디나미카, 가찌아 브레라, 빈프레소

| 전자동 커피머신 구조도

를 넣는 공간이 별도로 존재하는 경우도 있고요. 원두 통에는 원두의 분쇄도를 조절할 수 있는 다이얼이 있는데 분쇄 크기를 작게 할수록 진한 에스프레소처럼 제조된답니다. 그리고 커피 제조에 사용되는 물탱크도 있답니다. 전자동 커피머신은 항상 원두와 물의 양을 확인하고 수시로 채워 놓아야 합니다. 특히 원두 없이 기기를 동작시켜 그라인더가 공회전하면 고장의 원인이 될 수 있으므로 가급적 공회전하지 않도록 합니다.

원두 분쇄 조절 다이얼을 조절할 때는 커피머신이 동작하여 그라인더가 움직일 때 조작해야 합니다. 원두 분쇄 다이얼은 적정 커피 추출을 맞출 때 사용합니다. 커피 추출시 커피가 너무 늦게 나오면 다이얼을 오른쪽으로 돌려 분쇄도를 높이고 커피 추출이 너무 빠르면 다이얼을 왼쪽으로 돌려 분쇄도를 낮춰줍니다.

커피잔을 놓는 트레이를 당기면 트레이와 안쪽에 있는 통이 함께 빠지는데 이곳은 커피 추출 때 나오는 물과 원두 파우더 찌꺼기가 담기는 통입니다. 수시로 통의 내부를 확인하며 통 속 내용물을 비워 주세요.

전자동 커피머신은 원두 그라인딩부터 추출까지 모든 작업이 이루어지는 장치이다 보니 기계 사이에 원두 및 먼지 등 이물질이 끼기 쉽습니다. 트레이의 안쪽 부분을 수시로 확인하며 틈틈이 청소해 주세요.

본체는 버튼이나 디스플레이가 있는데 이곳에는 에스프레소나 룽고, 일반 커피, 롱커피 등의 커피 추출 버튼과 원두량 조절, 스팀 동작 버튼이 있습니다. 밑에는 커피 추출구가 있고 옆에는 스팀 노즐이 있습니다. 이곳에 우유를 넣고 스팀을 동작시키면 우유 거품을 만들 수 있어요.

이번에는 전자동 커피머신의 동작 과정을 살펴볼게요. 커피머신의 전원을 켜면 예열 과정을 거쳐요. 어떤 제품은 커피 추출구에서 물이 나오는 경우도 있어요. 기기에 남아있는 물을 배출하고 전체적으로 예열하기 위한 준비 동작입니다. 예열이 끝나면 동작 램프가 점등돼요. 지금부터 사용할 수 있음을 알리는 신호랍니다. 원두량을 조절하고 커피 추출 버튼을 누르면 커피가 추출되죠.

동작 원리는 추출을 시작하면 원두통에 있는 원두를 그라인딩한 후 분쇄된 커피 파우더를 추출기로 보냅니다. 추출기는 통속에 담긴 파우더를 주사기로 누르듯이 수증기 압력으로 원두를 짜내어 추출물을 토출구를 통해 뽑아내게 됩니다. 추출이 완료되면 추출기에 남아있는 파우더 찌꺼기는 자동으로 찌꺼기통으로 보냅니다.

이러한 과정을 통해 커피 추출을 하다보면 추출기에 커피 찌꺼기가 끼이게 돼요. 커피 찌꺼기가 남아 있으면 커피의 안 좋은 맛도 함께 나오기 때문에 추출기를 수시로 청소하는 것이 좋습니다. 설명서를 참조하여 추출기를 분리한 후 물로 청소해 주면 됩니다.

만일 커피 추출량이 갑자기 줄고 쓴맛이 나면 추출기의 스크린 필터가 막힌 경우입니다. 스크린 필터는 수증기압이 나오는 곳에 장착되어 있는 필터인데 계속 사용하다보면 필터에 이물질이 끼어 추출을 방해한답니다.

추출기를 살펴보면 물이 나오는 부분에 구멍이 뚫려 있는 원판을 볼 수 있을 거예요. 이 원판이 스크린 필터랍니다. 드라이버로 나사를 풀어 스크린 필터를 분리한 뒤 사이사이에 낀 커피 찌꺼기를 제거하고 다시 장착해주면 정상적으로 커피가 추출될 거예요.

> 추출기는 매우 정교하게 만들어진 장치입니다. 억지로 분해하지 말고, 커피가 담기는 통 이외에는 물이 닿지 않게 합니다.

전자동 커피머신에 대해서 알아보았는데 어떤가요. 조작과 관리가 매우 쉽죠. 품질도 점차 개선되고 있어서 홈카페로 즐기기에도 충분하답니다. 다만, 전자동 커피머신의 가격이 비싼

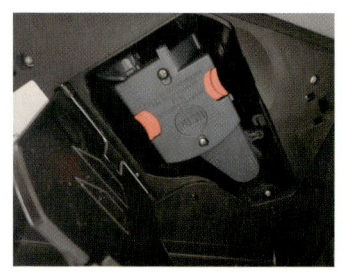
| 드롱기사의 추출기

것이 흠인데 엄밀히 말하면 반자동 커피머신을 사용할 경우에는 그라인더도 필요하니 사실상 가격 면에서도 큰 차이가 나지는 않아요. 다만 원두가 가지고 있는 커피 맛을 온전히 느끼고 싶다면 전자동 머신은 그리 추천드리지 않아요. 위에 언급한 대로 편리함이 큰 장점이지만, 커피 추출 중에 발생하는 열이 커피가 담긴 호퍼와 그라인더에 전달되어 원두의 맛과 향을 해칠 수 있고 커피머신에서 지정된 방식으로만 추출이 가능해 나만의 커피를 만드는 데는 어려움이 있어요. 많은 커피 애호가들이 전자동 커피머신보다 반자동 커피머신을 선호하는 이유도 여기에 있답니다. 하지만 간편하게 즐기기에는 전자동 커피머신이 가히 최고라고 할 수 있어요.

추출량이 많은 사무실이나 업소에서는 업소용 전자동 커피머신을 많이 사용합니다. 업소용은 대량의 원두를 적재할 수 있고 물받이도 크다는 것이 특징입니다. 세코, 유라 브랜드 제품을 많이 사용하는데 뷔페형 식당 등 대형 매장이나 커피숍에서는 고가의 써모플랜 제품도 많이 사용하고 있는 것을 볼 수 있습니다.

25 수동 커피머신에 대해서 알아봐요

#수동 커피머신

전자동 커피머신이나 반자동 커피머신은 몇 번 들어 봤어도 수동 커피머신은 생소하게 느껴질 수 있을 거예요. 수동 커피머신은 사람 힘으로 누르는 압력으로 원두 파우더를 짜내어 에스프레소를 만들어 내는 기기입니다. 전기를 전혀 이용하지 않고 오로지 사람의 힘으로만 커피를 추출하지요.

수동 커피머신의 구조를 살펴보면 부피는 생각보다 크지만 구조는 단순해요. 특히 손으로 누르는 커다란 프레스가 눈에 띄죠. 프레스는 양손으로 누르는 제품도 있고 한 손으로 누르는 제품도 있어요.

| 수동 커피머신의 구조

구조는 프레스와 몸체에 물을 담는 물탱크가 있고 밑에는 원두 파우더를 담는 바스켓이 있어요. 어떤 제품은 반자동 커피머신과 동일한 그룹헤드가 장착되어 있어서 포타필터를 끼울 수 있는 제품도 있어요.

사용 방법도 간단합니다. 물탱크에 물을 넣어요. 전기를 쓰지 않기 때문에 물은 뜨거운 물이어야 합니다. 뜨거운 물을 넣고 잠시 후 프레스를 눌러 물을 빼주어 그룹헤드를 예열해줍니다. 준비를 마친 후 원두 바스켓 또는 포타필터에 원두 파우더를 담고 프레스를 누르면 커피가 추출됩니다. 프레스를 누르는 힘만큼 추출되는 구조라서 천천히 힘을 주며 강하게 눌러 주세요.

단순한 구조이다 보니 관리하기 편하고 특히 전기에 의존하지 않아서 공간 제약 없이 훌륭한 커피를 마실 수 있는 것이 큰 매력이죠. 단순한 구조라고 비용이 저렴하다고 생각하면 오산입니다. 생각보다 높은 몸값을 가지고 있답니다.

| ROK EspressoGC, LEVERPRESSO, Flair pro2

26
반자동 커피머신에 대해서 알아봐요

#반자동 커피머신 #포타필터 #그룹헤드 #바스켓 #샤워스크린 #개스킷 #스팀 노즐

반자동 커피머신은 그라인딩된 원두를 넣고 커피를 추출만 하는 기기예요. 다양한 레시피의 커피를 만들기 적합하기 때문에 전문 커피 매장뿐만 아니라 홈카페에서도 많이 사용되고 있는 장비입니다.

커피 파우더도 별도로 담아야 하고 이상적인 추출을 위해서 일일이 세팅도 해야 하는 번거로운 작업이 많은데도 불구하고 반자동 커피머신이 인기가 있는 이유는 사용자의 테크닉에 따라 다양한 고품질의 커피를 만들 수 있기 때문이에요.

반자동 커피머신의 외형은 언뜻 단순해 보이지만 많은 장치가 연결되어 있는 것을 알 수 있어요. 우선 커피머신에서 제일 먼저 눈에 들어오는 부분은 손잡이일 거예요. 이 손잡이는 돌려서 빼거나 장착할 수 있는데 이를 포타필터Portafilter라고 하고 포타필터와 연결되어 있는 부분을 그룹헤드Group head라고 합니다. 포타필터는 원두 파우더를 담는 바스켓Basket으로 구성되어 있어요. 포타필터를 빼고 그룹헤드 안쪽을 보면 구멍이 뚫려 있는 샤워스크린이 있고 포타필터를 결합할 때 샤워스크린과 밀착하게 해주는 고무 또는 실리콘 패킹인 개스킷이 있습니다.

다시 본체를 살펴볼게요. 그룹헤드 옆에 길게 봉이 나와있는 것을 볼 수 있는데 이를 스팀 노즐이라고 합니다. 스팀 레버를 동작시키면 스팀이 분사되는데 이 기능을 이용하여 우유 거품을 만들 수 있어요. 스팀/온수 조절이 다이얼 형식으로 되어있다면 스팀의 강약을 조절할 수도 있어요.

이외에 커피 추출에 사용되는 물이 담긴 물통과 바닥에 떨어진 물을 모아두는 트레이가 있어요. 물통엔 물이 떨어지지 않도록 물을 수시로 채워주고 트레이는 틈틈이 비워주어야 합니다.

트레이에 고인 물을 배출해주는 배수관을 설치할 수 있는 커피머신도 있습니다. 배수관을 설치해두면 일일이 트레이에 고인 물을 빼지 않아도 되므로 편리합니다.

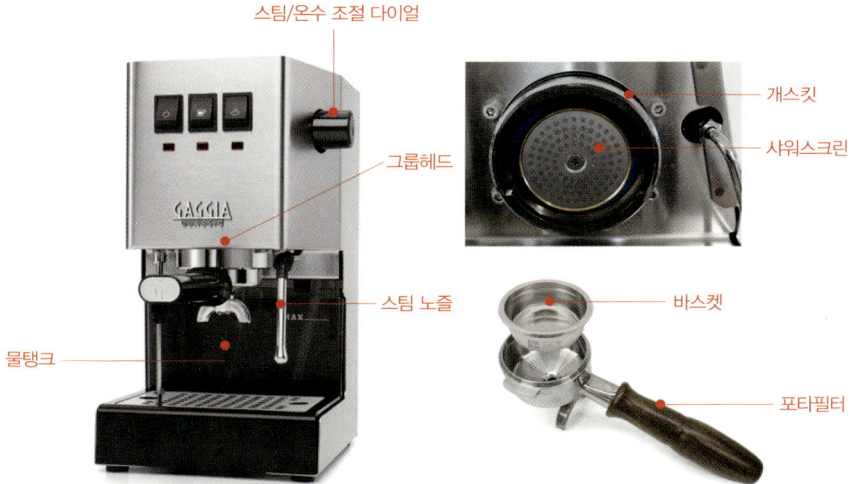

| 반자동 커피머신 구조도

27
반자동 커피머신
어떤 걸 선택해야 하나요

#포타필터 #보일러 #써모블록 #로터리 펌프 #진동형 펌프 #3Way solenoid valve system #3WAY 밸브 #백플러싱 #가변 압력 장치 #스팀

반자동 커피머신 기기는 가전제품을 제조하는 업체보다는 커피머신 전문 업체의 제품을 선택하는 것이 좋아요. 그리고 어느 정도 인지도 있는 제품을 선택하면 나중에 관련된 정보를 공유할 수 있답니다. 가격은 10~30만 원대의 보급형 저가의 커피머신부터 비싸게는 300만 원이 훌쩍 넘는 고가의 제품까지 다양하답니다. 물론 고가의 제품일수록 여러모로 좋겠지만 처음에는 저렴한 것부터 시작해 하나하나 배워가는 걸 추천해요. 이제 제품을 구매할 때 신경써야 할 사항이 무엇인지 알아볼게요.

포타필터 사이즈

포타필터의 너비 크기로 사이즈를 지정하는데 보통 보급형 커피머신의 포타필터는 51mm, 54mm, 58mm 사이즈를 가지고 있고 전문가용이나 상업용은 54mm도 있지만 대부분 58mm인 제품이 많아요. 반자동 커피머신을 사용하다 보면 여분의 포타필터와 바스켓, 템퍼 등 액세서리가 필요하게 됩니다. 가능한 58mm 사이즈를 이용하면 나중에 전문가용으로 기기를 변경하더라도 액세서리를 그대로 사용할 수 있다는 이점이 있어요.

보일러와 써모블록

커피머신에는 커피 추출에 사용할 물을 데우는 장치로 보일러 또는 써모블록Thermo Block을 사용합니다. 보통 보급형 기기에는 보일러 대신 가는 호스를 열선으로 순간적으로 가열해서 데우는 써모블록 장치를 사용하는 경우가 흔해요. 써모블록은 예열 시간은 빠르고 많은 양의 물을 보관하지 않아도 된다는 장점이 있지만 열이 금방 식는 게 단점이에요.

전문가용은 물을 데우는 장치로 물통에 물을 넣고 데우는 보일러를 주로 사용합니다. 보일러는 물을 데우는 데 시간이 오래 걸리지만 온도 유지에 유리합니다. 고급형일수록 보일러 크기도 크고, 에스프레소 추출과 스티밍을 동시에 해도 서로 영향이 없게끔 듀얼 보일러 방식인 스팀 전용 보일러가 하나 더 장착되어 있는 경우도 있어요. 가정용 제품의 보일러는 상업용에 비해 턱없이 작지만 가정에서 한두 잔 추출하기에는 충분한 크기랍니다.

트레이에 고여있는 물을 배출하는 배수관을 설치할 수 있는 커피머신도 있습니다. 배수관을 설치해두면 트레이에 고인 물을 일일이 빼지 않아도 되니 편리하겠죠.

| 보일러 장치, 듀얼 보일러, 써모블록 장치

압력 펌프

반자동 커피머신이 동작하면 강한 압력으로 물을 추출하는데, 이때 압력을 올리기 위해 펌프를 사용합니다. 펌프는 대표적으로 로터리 펌프와 진동형 펌프로 나뉘어요. 보급형 기기의 대부분 진동형 펌프을 사용한답니다. 그래서 커피 추출할 때 진동과 함께 펌핑되는 소리가 나죠. 로터리 펌프는 소음과 진동이 적고 빠른 시간 내에 유량을 늘리고 압력을 높여 줘요. 그래서 전문가용 제품에는 로터리 펌프를 사용해요.

3웨이 솔레노이드 밸브 시스템 3Way solenoid valve system

가능하면 3웨이 솔레노이드 밸브 시스템이 있는 제품을 사용하면 편리해요. 흔히 3WAY 밸브라고 부르는 이 시스템은 그룹헤드에서 커피 추출 후 남아있는 압력을 별도의 밸브로 빼주는 기능을 말해요. 3WAY 밸브가 없는 제품은 커피 추출 후에도 포타필터에 압력이 남아 있어요. 시간이 지나면 서서히 압력이 빠지는데 압력이 차 있는 상태에서 포타필터를 억지로 빼면 남아 있는 압력 때문에 포타필터에 있는 잔여물이 사방으로 쏟아지는 문제가 발생해요. 이러한 문제 때문에 커피 추출 후 바로 커피 추출을 할 수 없어요. 그러나 3WAY 밸브가 있으면 커피 추출 후에도 바로 포타필터를 빼도 되므로 이어서 커피 추출을 할 수 있죠.

백플러싱Back Flushing 기능도 이용할 수 있어요. 백플러싱이란 포타필터에 물 배출을 막아주는 블라인드 바스켓을 끼우면 물이 포타필터에서 더 이상 나오지 못하고 뒤로 넘어가게 되는데 이 작업을 통해 샤워스크린을 세척해 주는 기능이에요. 보통 10초 이내에 2~3회 정도 시행하여 세척을 합니다.

압력 또는 유량 게이지

커피머신에 다양한 정보를 알려주는 게이지가 달려있는 경우가 있어요. 압력을 체크하기도 하고 어떤 제품은 추출되는 유량을 체크하기도 합니다. 유량이란 추출되는 물의 양을 말하는 거예요. 유량을 측정하기 위해 지정된 물의 양이 나오기까지의 시간을 재는 제품도 있고 실제로 물이 진입하는 양을 체크하는 플로어 메타 제품도 있어요. 시간으로 측정하는 방식은 오차가 크기 때문에 물이 진입하는 양을 체크하는 것이 정확하지만 그만큼 가격도 비싸진답니다.

이 기능을 통해 커피 추출 진행 과정 동안 진행되는 압력과 유량을 확인할 수 있어요. 전문가들이 체계적으로 커피 추출을 확인할 때 사용합니다. 디스플레이가 달려 있는 제품에는 진행 과정 중 압력과 유량을 그래프로 표시해 주는 제품도 있어요.

| 커피머신에 달려 있는 게이지

가변 압력 장치

커피 추출을 시작하면 고압의 압력이 서서히 진행되는데 일반적인 커피머신에서는 이러한 압력을 조절할 수 없어요. 그런데 어떤 경우에는 커피 추출 진행 중에 압력을 조절해야 할 경우가 생기곤 합니다. 압력에 따라 커피 맛의 차이가 생기는데 보통 압력을 높이면 씁쌀름한 맛과 바디감이 두드러지고 압력을 낮추면 산미가 극대화 되죠. 그래서 압력에 변화를 주면 보다 다양한 맛을 만들어 낼 수 있답니다. 이를 가변압 기술이라고 해요. 가변 압력 기능은 높은 기술력을 필요하기에 고가의 커피머신에만 달려 있어요.

 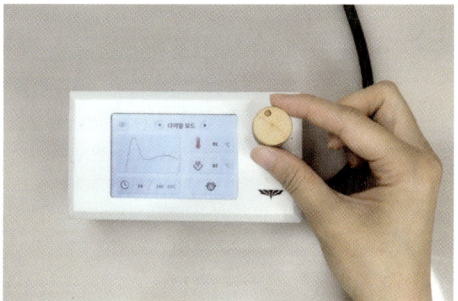

| 다이얼을 통해 추출 변수를 줄 수 있는 엘로치오 자르

그룹헤드

그룹헤드는 포타필터를 결합하고 포타필터에 담긴 원두 파우더에 보일러에서 데워진 90도 이상의 고온의 물을 뿌리는 역할을 해요. 훌륭한 커피를 추출하기 위해서 예열 기능을 이용하여 그룹헤드의 온도를 물의 온도와 동일하게 맞춰주는 것이 좋아요.

이러한 역할을 잘 수행하도록 많은 기술들이 개발되어 왔는데 이중에서 가장 명작으로 인정받는 기술이 Ernesto Valente가 1961년 개발한 E-61 그룹헤드예요. E-61 그룹헤드는 세계 최초로 보일러의 뜨거운 물을 그룹헤드까지 순환시켜 그룹헤드를 물의 온도에 맞춰 데워주는 열 교환 방식이 사용되었어요. 아직까지도 에스프레소 커피머신의 표준 그룹헤드로 알려져 있답니다.

E-61의 E는 eclipse의 약자로 1961년 개기일식이 있는 해여서 붙여지게 되었습니다. 그리고 페마사에서 출시했기 때문에 페마 E-61이라고도 부릅니다.

현재는 전열로 그룹헤드를 데우는 제품들도 있지만 아직도 E-61 모델을 앞서지는 못하고 있는 현실이에요. 커피숍에서 사용하는 커피머신을 보면 그룹헤드가 노출되어 있는 것을 볼 수 있는데 이러한 기기들 대부분이 E-61 그룹헤드랍니다. E-61 그룹헤드는 돌출되어 있는 모양을 가지고 있는게 특징입니다. 상업용으로 많이 사용하는 수동형 모델은 그룹헤드에 손으로 조작하는 밸브가 있는데 이 밸브를 조작해서 추출을 실행합니다. 보통 상업용 기기나 고급형 가정용 기기들은 E-61 그룹헤드를 사용한 제품이 많답니다.

E-61 포타필터의 크기는 58mm입니다. 이 기기가 에스프레소 기기의 표준으로 자리 잡으면서 그룹헤드 크기도 58mm가 표준으로 자리잡게 되었습니다.

반자동 커피머신에서 E-61 그룹헤드를 많이 사용하고 있지만 이 모델 이외에 다른 종류의 그룹헤드를 사용하는 커피머신도 많이 있습니다. 다른 종류의 그룹헤드도 성능이 좋은 제품들이 많으므로 E-61 그룹헤드를 사용했다고 무조건 커피머신이 좋은 것은 아닙니다.

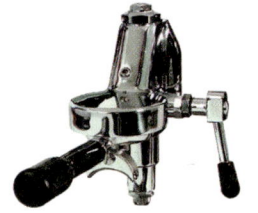

| E-61 그룹헤드 모습과 E-61 그룹헤드가 사용된 엘로치오의 마누스

E-61 그룹헤드에는 딱 하나 불편한 점이 있어요. 그건 바로 그룹헤드가 아주 뜨겁다는 점입니다. 스치기만 해도 화상을 입을 수 있기 때문에 사용 중에는 항상 주의해야 합니다.

보급형 기기에는 그룹헤드 예열 기능이 없는 것도 있어요. 그래서 커피를 추출하기 전 미리 데워진 물을 흘려보내 그룹헤드를 데워주고 나서 추출을 해줘야 합니다. 그러므로 보다 전문적으로 커피를 추출하고 싶거나, 금전적인 여유가 있다면 E-61 그룹헤드가 달려 있는 커피머신을 선택하는 것을 추천드려요.

풍부한 스팀 기능

스팀이란 고압 고온의 수증기를 뿜어내는 기능으로 거품 우유를 만들 때 사용하는 기능입니다. 라테처럼 우유 거품이 들어가는 커피를 만들 때 필수 기능이죠. 모든 커피머신의 스팀 기능이 전부 뛰어나면 문제가 없지만 실상은 그렇지 않아요.

스팀 기능이 약한 이유는 보일러가 작거나 온도 유지가 약한 써모블록 보일러를 사용하기 때문입니다. 스티밍에 필요한 압력을 내려면 에스프레소 추출에 사용하는 온도보다 더 높은 온도가 필요해요. 충분한 크기의 보일러를 사용하거나 스팀용 보일러를 별도로 만들어 두면 해결되지만, 이런 요소를 갖춘 기기들은 가격이 비싸다는 게 문제죠.

> 스티밍이란 스팀을 이용한 과정으로 보통 우유 거품을 만들기 위해서 사용하는 스팀 과정을 말합니다.

그러므로 우유 베리에이션 커피를 제대로 즐기려면 스팀 기

> 우유 베리에이션 커피란 라테처럼 우유랑 함께 사용되는 커피를 뜻해요.

능이 우수한 기기를 선택해야 해요. 전문가용은 대부분 스팀 기능이 좋고요. 보급형 기기들은 스팀 기능이 우수한지 제품 리뷰를 꼼꼼히 확인한 후 구매해야 합니다.

반자동 커피머신을 구매할 때 확인할 사항에 대해서 알아보았어요. 앞서 설명한 사항을 모두 갖추려면 고가의 제품을 구매해야 한다는 결과가 나오죠. 하지만 특별한 기능보다 저렴해도 커피 추출이 잘되는 기기를 선택하고 천천히 업그레이드하기를 추천드려요. 58mm 포타필터와 3WAY 밸브는 보급형에도 장착된 경우가 많으니 이 정도는 선택하면 좋고요.

CRM3605는 10만 원대라는 매우 저렴한 가격과 가격 대비 훌륭한 성능으로 인기가 많은 모델입니다. 이외에 보랄, 맥널티, 오스너 제품들이 비슷한 가격대로 자리를 잡고 있으며 50만 원대를 넘어가면 가찌아 클래식 프로가 있고 100만 원대 전후로 브레빌 모델이 자리잡고 있습니다.

| 추천 반자동 커피머신 : CRM3605, 보랄 BR-CM1350, 맥널티 MCM-6851, 오스너 드바리스타 MD-2010C 가찌아 클래식 프로, 브레빌 BE870, 브레빌 BE 920, 엘로치오 마누스 v2 엘로치오 자르 v2, 란실리오 실비아, WPM KD-310, 디센트 DE1XL

추출 온도 변경과 가변 압력 기능 알아보기

보급형 커피머신은 커피 추출에 민감하게 작용하는 요소인 물, 스팀 온도, 추출 압력값이 기기에 이미 지정되어서 사용자가 임의로 변경할 수 없는 경우가 대부분입니다. 그러나 고급형 커피머신은 추출 온도와 압력 값을 사용자가 임의로 세팅할 수 있어 다양한 맛의 커피를 추출할 수 있습니다. 여기서는 엘로치오사의 자르 R 모델을 중심으로 이러한 세팅값을 바꾸는 방법에 대해 알아보겠습니다. 자르 R 모델은 컨트롤 패널을 별도로 제공하는데 이 패널을 이용하여 추출 환경을 컨트롤할 수 있습니다. 물이나 스팀 온도를 변경하는 방법은 간단합니다. 모드에서 온도 아이콘을 터치하면 나오는 조절 화면에서 온도를 변경하면 됩니다.

 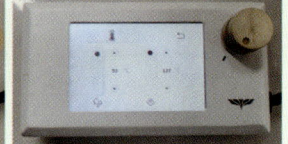 

| 물 온도 조절하기

이번에는 추출 압력을 조절하는 기능에 대해 알아봅니다. 가변 압력이란 커피 추출시 설정할 압력을 자유롭게 변화시키는 기능을 말합니다. 보급형은 기기에 임의로 세팅된 압력으로 고정되어 있지만 자르과 같은 고급형 모델은 압력을 사용자가 마음대로 조절할 수 있습니다. 추출 압력은 커피의 맛을 크게 좌우합니다. 압력이 높으면 커피의 맛은 진해지고 쓴맛이 나올 수 있고 압력이 낮으면 커피의 맛은 부드럽고 향이 강해집니다. 또한 추출 압력을 조절하면 한 가지 원두로 다양한 맛을 이끌어 낼 수 있습니다. 예를 들어 처음에는 압력을 높이다가 서서히 낮추면 커피의 향을 유지하면서 부드러운 맛이 강해집니다. 그리고 처음에는 압력을 약하게 하고 서서히 높여가면 진하고 쓴 맛이 강한 커피를 만들 수 있습니다. 이게 바로 가변압 커피머신만이 가지고 있는 매력입니다. 이러한 특징을

| 엘로치오사의 자르 R

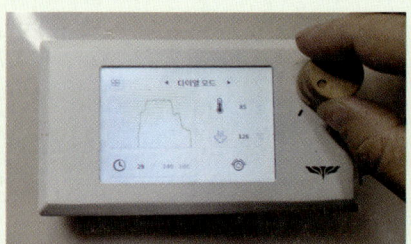  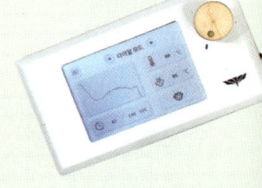

| 다이얼 모드로 추출 압력 조절하기   압력 게이지

가지고 있기 때문에 개성있는 커피를 만들고 싶은 사람들에게는 가변 압력 기능이 매우 매력적일 수밖에 없습니다.

자르 R에서 제공하는 사용자 지정 커피 추출 모드는 크게 두 가지 모드를 지원합니다. 컨트롤 패널 상단에서 모드를 터치해서 모드를 변경할 수 있습니다. 먼저 [다이얼 모드]에 대해서 알아보겠습니다. 이 모드는 커피 추출시 다이얼을 조작해 추출 압력을 자유롭게 조절할 수 있는 모드입니다. 다이얼을 돌리면 커피 추출이 시작되는데 커피머신에 장착되어 있는 압력 게이지를 보면서 다이얼을 돌려 원하는 압력 수치로 변경할 수 있습니다.

또 하나는 [추출 모드]인데 이 모드는 지정된 추출 환경대로 커피를 추출해 줍니다. 추출 화면 가운데에 있는 그래프를 터치해서 사용자 모드로 접속합니다. 화면 왼쪽에 1~4까지 구간이 나누어져 있는 것을 볼 수 있는데 이는 전체 추출 영역을 총 4개로 나눈 것입니다. 각 구간마다 추출 시간과 압력을 따로 지정할 수 있습니다. 먼저 첫 번째 구간 탭을 누른 다음 추출 시간을 드래그해서 설정합니다. 전체 추출 시간에서 4개로 나누는 것이라 추출 시간을 세팅할 때 이를 감안해서 설정합니다.

그다음 [power] 영역에서 압력 강도를 터치해서 세팅합니다. 이는 지정한 추출 시간 동안 추출 압력을 설정하는 것입니다. 같은 방법으로 두 번째 구간을 탭하고 시간과 압력을 세팅합니다. 모든 구간을 세팅했으면 돌아가기 버튼을 눌러 추출 모드로 돌아갑니다. 추출 시간에는 4개의 구간마다 설정한 추출 시간을 전부 합한 시간이 표시되어 있을 것입니다. 준비가 끝났다면 추출 버튼을 눌러 커피 추출을 시작합니다.

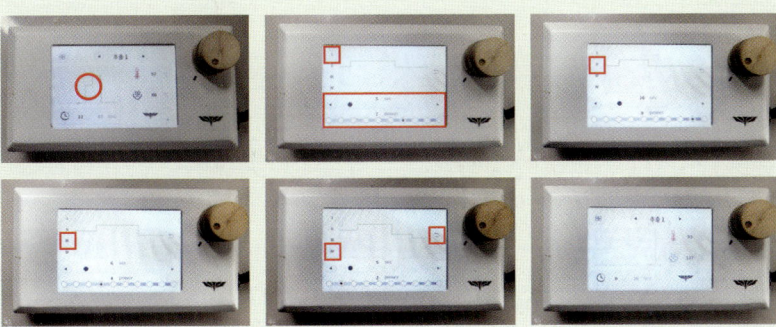

| 추출 모드의 사용자 모드로 추출 시간과 압력 설정하기

28 바스켓을 담는 포타필터를 살펴봐요

#포타필터 #바스켓 #포타필터 고정 스프링 #바스켓 고정 걸쇠 #커피 퍽 #넉박스 #스파웃 #바텀리스 포타필터

반자동 커피머신에서 중요한 부품 중 하나인 포타필터Portafilter에 대해서 자세히 알아볼게요. 포타필터는 모양과 크기가 다양합니다. 포타필터의 크기는 마음대로 선택하는 것이 아니라 커피머신의 그룹헤드에서 지원하는 크기에 맞추어서 사용해야 해요. 사이즈는 포타필터의 너비를 기준으로 측정하는데 보통 가정용은 51mm, 54mm, 58mm 사이즈를 사용하죠.

그럼 포타필터 내부를 살펴볼게요. 내부를 보면 커피 파우더를 담을 수 있게 구멍이 숭숭 뚫려 있는 것을 볼 수 있는데 이것을 바스켓Basket이라고 해요. 바스켓은 포타필터에서 분리되기 때문에 용량과 용도에 맞는 다른 바스켓으로 교체해서 끼울 수도 있어요.

바스켓을 끼우는 방식도 보급형과 전문가용에 차이가 있어요. 보급형 커피머신의 포타필터는 바스켓이 걸림 없이 쉽게 빼고 낄 수 있어요. 그런데 전문가용은 포타필터 안쪽에 고정 스프링이 끼워져 있어 바스켓을 빼고 끼는 게 쉽지 않아요. 상당한 힘을 주어야 분리할 수 있어요.

포타필터는 사이즈가 맞다고 모두 호환되는 것은 아닙니다. 포타필터의 양 옆에 튀어나온 홈 모양이 다르거나 홈 두께가 달라 호환되지 않는 경우가 생각보다 많습니다. 그러므로 포타필터를 구매할 때는 사이즈 말고도 내 기기와 호환되는지 반드시 확인하도록 합니다.

고정 스프링은 인서트 리트레이닝 스프링(Insert retraining spring)이라고 부릅니다. 고정 스프링을 제거하려면 송곳과 같은 뾰쪽한 도구를 이용하세요.

| 포타필터의 고정 스프링과 바스켓 고정 걸쇠

| 커피 퍽과 넉 박스

 이렇게 만들어져 있는 이유는 커피를 추출한 후 포타필터에 남아있는 커피 파우더 찌거기인 커피 퍽을 쉽게 제거하기 위해서입니다. 보통 커피 퍽을 제거할 때 포타필터째로 넉 박스에 툭 치면 커피 퍽만 빠져요. 그런데 바스켓이 포타필터에 고정되어 있지 않으면 바스켓이 커피 퍽과 함께 빠지겠죠. 그래서 보급형은 바스켓이 빠지지 않도록 고정 걸쇠라는 장치가 별도로 마련되어 있어요. 포타필터 손잡이를 보면 걸쇠가 있는데 걸쇠를 빼서 바스켓에 걸친 채 커피 퍽을 제거하면 바스켓이 빠지지 않아요.

 이번에는 포타필터의 밑면을 살펴볼게요. 밑면에는 추출된 커피가 나오는 노즐인 스파웃Spout가 있어요. 스파웃은 구멍이

  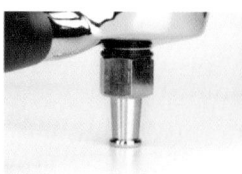 

| 다양한 종류의 스파웃

하나 뚫려 있는 것이 있고 어떤 제품은 양쪽으로 나누어져 있 거나 한쪽 방향으로 나올 수 있도록 노즐형으로 되어 있는 것 도 있습니다. 노즐형으로 되어 있는 경우 분리할 수 있어 다양 한 종류의 스파웃으로 교체할 수도 있답니다.

스파웃의 노즐이 2개인 경우는 커피를 두 개의 잔에 나누어 담기 위해서입니다. 앞에서 알아 본 더블 바스켓으로 커피를 추 출하면 2샷의 에스프레소를 뽑을 수 있는데 2개의 노즐로 1샷 을 나누어서 뽑기에 용이합니다. 요즘에는 한 잔에 2샷을 기본 으로 사용하는 경우가 많기 때문에 2샷을 기본으로 사용하고 싶다면 1개의 노즐로 사용하는 것도 좋아요.

그리고 어떤 포타필터는 밑면이 아예 뚫려 있는 것도 있어요. 이를 바텀리스 포타필터Bottomless Portafilter라고 하는데 이 제품 을 사용하는 이유는 바스켓을 통해 추출되는 모습을 확인하기 위해서예요. 추출이 가장 좋은 상태는 바스켓의 아랫 부분을 봤 을 때 추출액이 전체적으로 고르게 나오다가 서서히 가운데로 모이면서 나오는 경우예요. 만일 사방으로 추출된다거나 제대

| 바텀리스 포타필터와 바텀리스 포타필터로 커피를 추출하는 장면

로 나오는 않는다면 추출이 정상적으로 이루어지지 않은 것입니다. 바텀리스 포타필터를 사용하면 밑면이 없어 커피가 추출되는 모습을 실시간으로 볼 수 있기 때문에 커피 퀄리티를 높이려는 사용자들에게 필수 아이템입니다.

> 포타필터에서 스파웃이 있는 밑부분을 절단해서 바텀리스로 사용하는 경우도 있습니다.

 이 제품 역시 쇼핑몰에서 구매할 수 있어요. 포타필터를 구매할 때는 무조건 저렴한 제품보다는 물리적으로 튼튼한 제품을 구매하도록 합니다. 또한 사이즈가 맞더라도 내가 사용하는 커피머신과 호환이 되는지 확인하는 것도 잊어선 안 돼요. 어떤 경우에는 포타필터의 결합 부분이 서로 달라 크기는 맞아도 제대로 결합되지 않는 경우도 있거든요.

29
원두 파우더를 담는
바스켓에 대해서 알아봐요

#바스켓 #싱글 바스켓 #더블 바스켓 #트리플 바스켓 #싱글월 바스켓 #더블월 바스켓 #IMS #VST #PULLMAN

이번에는 바스켓에 대해서 살펴볼게요. 바스켓의 크기에 따라 1컵용 바스켓인 싱글 바스켓과 2컵용 바스켓인 더블 바스켓이 있어요. 싱글 바스켓은 7~13g의 원두 파우더를 담을 수 있고 더블 바스켓은 14~18g의 원두 파우더를 담을 수 있어요. 20g 이상 담을 수 있는 바스켓인 트리플 바스켓도 있답니다. 이는 주로 사용하는 사이즈이고 실제 바스켓 제조사에서는 이것보다 훨씬 다양한 크기의 바스켓을 제공합니다.

싱글 바스켓과 더블 바스켓을 비교해보면 바스켓 높이가 달라요. 더블 바스켓의 깊이가 더 깊죠. 바스켓의 높이는 단지 원두 파우더를 담을 수 있는 양만 차이가 있는 것이 아니라 커피 추출에도 영향을 끼친답니다.

싱글 바스켓에 담기는 커피 용량이 상대적으로 적어요. 때문에 압력이 한쪽으로 새는 현상이 일어나기 더 쉬워 더블 바스켓 보다 정상적인 추출이 더 어렵답니다.

또한 과거보다 커피의 잔의 크기도 커지고 많은 양과 진한 커피를 선호하시는 분들이 많아져서 요즘에는 싱글 바스켓은 잘

| 용량별로 제공하는 바스켓

사용하지 않고 더블, 트리플 바스켓을 주로 사용합니다. 보편적으로 사용하는 사이즈는 18~20g 바스켓이에요.

그리고 바스켓의 안을 보면 무수히 많은 구멍이 뚫려 있어요. 뒷면에도 동일하게 구멍이 뚫려 있죠. 그런데 어떤 바스켓을 보면 뒷면에는 구멍이 하나만 뚫려 있는 것도 있어요. 앞면과 뒷면과 구멍이 같은 바스켓을 싱글월 바스켓Single Wall Basket이라고 하고 앞면과 뒷면의 구멍이 다른 바스켓을 더블월 바스켓Double Wall Basket이라고 해요. 싱글월은 말 그대로 하나의 판으로 만든 것을 가리키고 더블월은 두 개의 판을 겹쳐서 만든 것을 가리킵니다.

더블월은 압력 부하가 더 많이 발생하기 때문에 커피 추출 중에 발생하는 기름 성분인 크레마가 더 많이 발생합니다. 크레마가 더 많이 나오면 좋다고 생각할 수 있지만 더블월로 발생하는 크레마는 거품이 과하게 많고 거친 맛을 내기 때문에 그리 선호되지 않습니다. 외관상 좋아 보이기 위한 장치여서 가짜 크레마라고도 부릅니다. 그래서 더블월보다는 싱글월 바스켓을 주로 사용합니다.

| 싱글월 바스켓과 더블월 바스켓

바스켓은 쇼핑몰에서 구매할 수 있어서 포타필터 크기에 맞는 바스켓을 별도로 구매해 사용할 수 있어요. 보통 IMS 사나 VST, PULLMAN 사의 바스켓을 많이 사용합니다.

IMS사의 바스켓은 구멍의 개수가 많지 않고 모양도 옆에서 보면 둥글게 구성되어 있어요. 결국 밑면이 더 좁고 타공 영역도 VST보다는 좁고요. 그래서 커피 추출시 VST보다 압력을 더 잘 받기 때문에 더 진하고 압축된 맛을 뽑아냅니다. 다른 바스켓보다 진한 맛을 구현하기 때문에 원래부터 수율이 잘 나오는 강배전 원두보다는 중~약배전 원두에 사용하기 적합해요.

VST나 PULLMAN사의 바스켓은 IMS사보다 타공이 많아요. 모양도 옆면이 직각 형태고요. 추출물이 수많은 타공으로 빠져나오기 때문에 압력을 덜 받게 되겠죠. 그래서 상대적으로 커피 추출도 빠르고 진한 맛보다는 부드러운 맛을 냅니다. 그래서 맛이 임팩트가 약하기 쉬운 약배전으로 로스팅한 원두보다는 진한 중~강배전 원두를 부드럽게 추출하기에 적합해요.

수율이란 물에 있는 커피 성분의 비율을 말합니다. 커피 수율이 높다 또는 무겁다는 것은 커피 함량이 높은 진한 커피를 말하고 수율이 낮다 또는 가볍다는 것은 연한 커피를 말합니다.

| IMS 바스켓(위쪽)과 VST 바스켓(아랫쪽)

다시 정리하면 내가 가진 원두에서 진한 맛을 뽑아 내고 싶거나 커피 추출을 느리게 하고 싶다면 압력을 잘 받는 IMS 바스켓을, 부드러운 맛을 뽑아내고 싶고 커피 추출도 빠르게 하고 싶다면 압력을 덜 받는 VST나 PULLMAN 사 바스켓을 사용하는 것이 좋습니다. 이렇듯 바스켓도 제조사마다 특징이 있으므로 내가 추구하는 커피 스타일에 맞는 바스켓을 사용하면 됩니다.

바스켓은 다 비슷하게 생겨서 용량을 확인하기 어려울 수 있어요. 그럴 때는 바스켓 옆면을 살펴보세요. 대다수의 바스켓 옆면에는 적정 원두 파우더 양이 표시되어 있거든요.

바스켓을 구매할 때는 포타필터 크기에 맞는 것을 선택해야 하지만 앞에서 설명했듯이 바스켓마다 모양이 다르기 때문에 포타필터에 장착되지 않을 수 있어요. 바스켓 쇼핑몰의 상세 페이지에서 호환되는 커피머신 모델 목록을 반드시 확인하고 구매해야 합니다.

30
원두에 물을 뿌려 주는
샤워스크린에 대해서 알아봐요

#샤워스크린 #개스킷 #헤드 스페이스 #디퓨저 #그룹헤드 청소솔 #블라인드 바스켓 #실리콘 바스켓 필터

이번에는 포타필터에 연결되는 그룹헤드 부분을 살펴볼게요. 그룹헤드 안쪽을 보면 바스켓처럼 구멍이 뚫려 있는 것을 볼 수 있어요. 이를 샤워스크린Shower Screen이라고 하고 이곳에서 압착된 물이 나옵니다.

포타필터를 장착하면 포타필터 내부는 밀폐 상태가 돼요. 샤워스크린과 포타필터를 꽉 조여주는 개스킷Gasket이라는 패킹이 있기 때문이죠. 개스킷이 꽉 조여주므로 커피 추출 중에 포

| 샤워스크린 구조

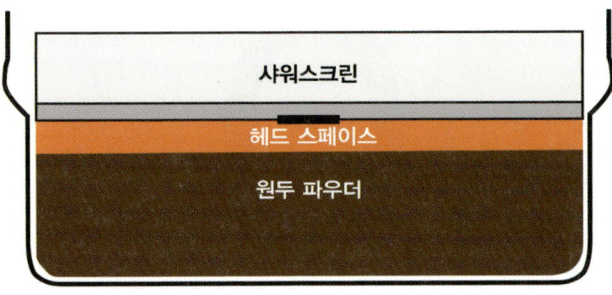
| 헤드 스페이스

타필터와 그룹헤드 사이에 추출물이 세지 않도록 해줘요.

포타필터와 결합하면 포타필터 안의 원두 파우더와 샤워스크린 사이에 간격이 생기는데 이 공간을 헤드 스페이스Head space라고 합니다. 이 간격이 적절해야 샤워스크린에서 나오는 물줄기가 포타필터에 담긴 원두 파우더를 제대로 적셔 줍니다.

샤워스크린을 살펴보면 대부분 가운데에 나사가 있어요. 이 나사를 풀어서 샤워스크린을 분리할 수 있죠. 샤워스크린를 빼면 물을 분사하는 역할을 맡는 디퓨저라는 금속 부품이 보일 거예요. 이 부품은 기기에 따라 고정되어 있기도 하고 분리되기도 해요. 어떤 사용자는 헤드 스페이스 공간을 조절하기 위해서 높이가 다른 디퓨저로 교체해서 사용하기도 합니다.

앞서 설명했듯이 샤워스크린은 원두 파우더와 접하는 부분이라 커피 추출을 마친 후 원두 찌꺼기가 많이 묻어 있을 수밖에 없어요. 그러므로 커피 추출이 끝나면 찌꺼기를 제거해 주는 것이 좋아요.

샤워스크린 결합 나사가 없는 모델도 있어요.

| 나사, 샤워스크린, 디퓨저, 개스킷

 가장 쉽게 찌꺼기를 제거하는 방법은 커피 추출 후 포타필터를 제거하고 커피 추출 버튼을 눌러 주는 거예요. 버튼을 누르면 샤워스크린에서 물이 나올 거예요. 물 흘리기 동작을 추출 전과 후에 꼭 해주세요. 더 깨끗하게 청소하려면 청소솔로 샤워스크린을 닦아주면 되고요. 칫솔처럼 팁이 달려 있는 청소솔은 보통 커피머신 부속품에 포함되어 있답니다.

 그룹헤드 안의 개스킷도 청소해주면 좋아요. 개스킷에 커피가루가 묻어 있으면 빈틈이 생겨 커피 추출 중에 틈 사이로 물이 샐 수 있기 때문이에요. 그러므로 그룹헤드 청소솔을 이용하거나 깨끗한 행주 등으로 청소합니다. 단 개스킷은 사용할수록 점점 경화되어 딱딱해져요. 영구적으로 사용하기는 어렵기 때

| 샤워스크린 청소와 개스킷 청소

문에 사용량에 따라 다르지만 평균적으로 3~6개월마다 교체해주는 게 좋습니다.

실리콘 개스킷을 사용하면 더 오랫동안 사용할 수 있어요.

또 다른 그룹헤드 청소 방법은 3WAY 밸브를 이용하는 거예요. 단, 3WAY 밸브를 지원하는 커피머신에서만 가능한 방법입니다. 커피 추출을 마친 후 포타필터의 바스켓을 빼고 구멍이 없는 블라인드 바스켓으로 교체한 후 커피머신 전용 청소 약품을 바스켓에 소량 넣고 그룹헤드에 다시 끼웁니다. 그런 다음 커피 추출을 시작하면 샤워스크린에서 나오는 물이 블라인드 바스켓에 막혀 나오지 못하다가 압력이 더 높아진 후 추출을 종료해주면 3WAY 밸브로 인해 자동으로 약물이 배수구로 배출됩니다. 이 과정을 약품이 깨끗하게 용해될 때까지 약 5~10회 반복하며 그룹헤드 안을 청소할 수 있어요.

커피머신 전용 청소 약품은 인터넷 검색으로 손쉽게 구매할 수 있어요. 커피 추출이 많은 전문점에서는 수시로 하지만 가정에서는 정기적으로 청소해주면 됩니다.

블라인드 바스켓은 보통 커피머신을 구매하면 부속물로 함께 제공돼요. 또는 실리콘 바스켓 필터를 제공하는 경우도 있어요. 실리콘 바스켓 필터는 바스켓 위에 끼우면 바스켓의 구멍을 막아 블라인드 바스켓 대용으로 사용할 수 있게 해줍니다. 이 제품은 쇼핑몰에서 별도로 구매할 수도 있어요.

| 블라인드 바스켓과 실리콘 바스켓 필터

31 반자동 커피머신 구조와 동작 과정을 살펴봐요

#프리 인퓨전

앞에서 반자동 커피머신에 대해서 배워봤어요. 이번에는 반자동 커피머신이 어떻게 동작하는지 종합적으로 살펴볼게요.

먼저 커피머신의 구조를 알아볼 거예요. 먼저 보일러와 펌프 개념을 이해해야 합니다. 커피 추출에 사용할 물을 데우는 보일러와 데워진 물을 압력으로 뿜아내는 펌프가 있어요. 이렇게 압력이 가해진 물은 그룹헤드를 통해 나오게 되죠. 그룹헤드 내부의 샤워스크린을 통해 물이 포타필터 속 커피 파우더에 뿌려집니다.

포타필터의 바스켓에는 아주 작은 구멍이 촘촘하게 뚫려 있죠. 그래서 물이 쉽게 흘러나오지 않아요. 그리고 원두 파우더 입자의 응집력으로 발생하는 저항력도 물이 쉽게 나오지 않게 해줍니다. 결국 샤워스크린에서 나오는 압력이 포타필터 안에서 버티는 저항력보다 높아야 물이 원두 파우더를 뚫고 추출됩니다. 만일 버티는 저항력이 높으면 추출이 제대로 되지 않을 거고, 버티는 저항력이 낮으면 추출이 너무 빠르게 될 거예요.

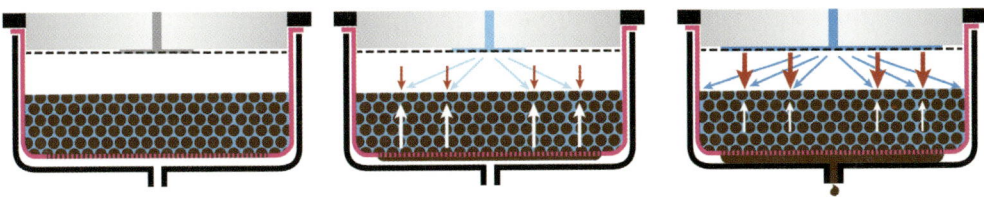

| 샤워크스린에서 나오는 물의 압력과 원두 파우더의 압력이 균형을 이루다가 물의 압력이 원두 파우더의 압력보다 높아질 때 추출이 이루어진다.

그래서 적당한 압력을 유지해야 최적의 커피가 추출됩니다. 보통 반자동 커피머신은 약 9Bar 정도의 압력이 발생해요.

이번에는 커피머신이 어떻게 동작하는지 알아볼게요. 커피머신의 전원을 켜면 먼저 예열이 시작됩니다. 보일러나 써모블록 장치를 가동시켜 물을 데우며 추출을 준비하는 거죠. 써모블록은 금방 예열되지만 보일러는 시간이 오래 걸립니다. 예열이 끝나면 전원 버튼이 활성화돼요. 추출 준비가 완료된 거예요.

머신마다 차이가 있지만 가정용은 전기세를 절약하기 위해서 사용을 하지 않으면 자동으로 전원이 꺼지는 기능을 지원합니다. 그러나 상업용으로 사용하는 경우에는 전원을 끄지 않고 사용하는 경우가 많아요. 보일러를 계속 켜둔 상태에서 물을 데우면 전기세 부담이 있겠지만 예열이 필요없어 언제든 커피를 추출할 수 있기 때문이에요. 또한 전원을 켜고 끄는 중에 물이 식었다 데워졌다 하는 과정이 자주 반복되면 물이 통과하는 관에 스케일이 더 빠르게 생성되는데 전원을 켜두면 스케일 생성을 상대적으로 늦춰줍니다.

추출 압력은 보통 그룹헤드에 걸리는 압력을 뜻합니다. 기기에 걸리는 압력과 원두 파우더의 반발 압력이 발생하며 최종 그룹헤드에는 9bar의 압력을 유지하는 것이 좋다고 합니다. 그러나 실제로 바스켓의 반발 압력에 따라 9bar에 못 미치기도 합니다.

어떤 커피머신 광고를 보면 14Bar 또는 15Bar의 고압력의 추출 압력을 제공하여 훌륭한 커피를 추출한다는 문구를 본 적이 있을 겁니다. 여기서 말하는 압력은 기기의 펌프에서 제공하는 압력이지 실제 그룹헤드에 걸리는 압력이 아닙니다. 펌프 압력이 15bar라고 해도 실제 그룹헤드에는 9bar도 미치지 못하는 경우가 많습니다.

스케일(Scale)이란 관에 생기는 이물질을 가리킵니다. 커피머신을 오래 사용하면 관에 스케일이 생기며 정상적인 추출을 방해하므로 정기적으로 스케일을 제거해야 합니다.

추출 준비가 되었으면 커피 추출 버튼을 누릅니다. 그러면 추출 동작이 시작돼요. 가장 먼저 프리 인퓨전Free infusion 작업이 시작됩니다. 프리 인퓨전이란 압력을 주기 전에 약 1~3bar의 압력을 가진 물을 투입하여 원두 파우더를 적셔주는 것을 말합니다. 원두 파우더는 물을 만나면 부풀어 오르면서 고르게 재분배되고 결속력이 높아져 안정화됩니다. 이 작업을 통해 채널링이 최대한 일어나지 않게 예방하고 커피 추출이 바르게 실행되도록 도와줍니다. 이러한 프리 인퓨전은 기기마다 지원 여부를 확인해야해요. 내가 구매한 머신에 프리인퓨전 기능이 있다면 커피 추출에 도움이 될 거예요. 머신이 고가일수록 프리 인퓨전의 압력이나 유량, 시간 등을 조절할 수 있답니다.

커피 추출시 바스켓에 담긴 원두 파우더에 물이 통과할 때 원두 파우더의 밀도가 낮은 쪽부터 흐르게 되는데 이처럼 물이 고르게 흐르지 못하고 한쪽으로만 흐르는 현상을 채널링(Channeling)이라고 합니다. 채널링이 발생하면 균형있는 커피 맛을 낼 수 없으며 나중에 소개할 과소추출 또는 과다추출을 발생하여 커피 맛을 제대로 내지 못하는 원인이 됩니다. 커피숍에서도 채널링이 발생하면 커피를 버리고 새로 추출할 정도로 민감하게 다루는 요소 중 하나입니다.

프리 인퓨전 작업이 끝나면 강한 압력으로 보일러에서 데워진 물이 펌프를 통해 유입이 되었다가 그룹헤드에 있는 샤워스크린을 통해 추출됩니다.

커피 추출 시간은 대부분 펌프를 통해 물을 밀어내는 시간을 이용하여 물의 유입량을 조절해요. 저가 머신일수록 펌프를 통해 유입되는 양이 일정치 않고 반대로 고가의 머신일수록 유입량이 일정하여 안정적인 추출을 할 수 있습니다. 그뿐만 아니라 고가의 머신은 동작 시간이 아니라 유량계Flowmeter로 실제 물의 흐름을 측정하여 유입량을 정교하게 세팅하기도 합니다.

추출 시간을 사용자가 직접 조절할 수 있어요. 조절 방법은 기기마다 차이가 있습니다. 세팅 모드가 있는 경우 세팅 모드 버튼을 눌러 모드로 접속 후 추출 버튼을 눌러 추출합니다. 원하는 시간이 되면 추출 버튼을 다시 눌러 추출을 종료합니다. 그러면 방금 지정된 시간으로 추출 시간이 등록됩니다. 만일 세팅 모드가 없는 기기라면 추출 버튼을 길게 누르고 있는 동안을 추출 시간으로 자동 세팅합니다. 기기마다 설정 방법이 다르므로 정확한 설정 방법은 커피머신 설명서를 참조하세요.

상황에 따라 다르지만 커피 추출 시간이 10초 내외로 너무 짧거나 40초가 넘어간다면 긍정적인 맛보다 부정적인 맛이 더 강할 수 있으니 가능한 20~30초 안에 추출합니다. 원두의 상태, 기온과 습도 등 주변 환경 등의 요인에 따라 적정 추출 시간은 달라질 수 있어요. 권장 추출 시간은 가이드 라인일 뿐 정답이 아니에요. 추출 시간 세팅값을 다양하게 바꿔보며 맛을 비교해 보세요. 이러한 경험이 쌓이면서 지식이 늘어나고 커피를 즐기는 경험도 훨씬 즐거워질 거예요.

추출 시간은 환경에 따라 달라지지만 대부분 커피머신은 추출 시간이 약 25초로 세팅되어 있습니다. 다양하게 추출하면서 적절한 추출 시간을 찾아보세요.

32
에스프레소에서 원두를 담는 도징 기술을 알아봐요

#도징 #업도징

반자동 커피머신은 대부분 포타필터에 원두 파우더를 담아요. 이렇게 커피 파우더를 담는 작업을 도징Dodging이라고 부릅니다. 적당한 양의 원두 파우더를 넣어야 올바르게 추출되기 때문에 반자동 커피머신에서 도징은 매우 중요한 작업입니다.

원두를 처음 구매했을 때, 사용하는 원두를 바꾸었을 때, 그라인더를 새로 교체했을 때처럼 환경이 바뀔 때마다 적정 원두 파우더 양이 달라집니다. 그러므로 수시로 적정 도징양을 체크해야 해요.

도징양은 포타필터에 담을 원두 파우더양을 말하는 것으로 앞에서 소개했듯이 사용하는 바스켓에 지정되어 있는 정량을 넣어주면 됩니다. 커피 파우더를 넣고 탬퍼로 탬핑한 후 포타필터를 끼우면 그룹헤드의 샤워스크린과의 공간인 헤드스페이스가 형성되는데, 샤워스크린과 커피 파우더 표면이 너무 접촉되지 않게 약간의 헤드스페이스가 확보될 정도로 커피 파우더를 담고 평평하게 눌러주는 것이 좋아요. 적정 헤드스페이스가 확보되어야 채널링 현상이 발생하는 빈도가 줄어듭니다.

　적정 공간을 확인하는 방법은 샤워스크린을 보면 볼트가 튀어 나와 있는 경우가 있는데 원두 파우더를 넣고 탬핑을 한 후 포타필터를 끼웠다 빼 보세요. 원두 파우더에 볼트 자국이 아주 살짝 찍히는 정도라면 헤드 스페이스가 적당하다고 볼 수 있지만, 만일 자국이 남지 않는다면 원두를 더 도징해보고 자국이 심하게 남거나 포타필터가 잘 껴지지 않는다면 도징양을 줄이거나 바스켓 용량을 더 큰 사이즈로 교체하는 방식으로 간격을 맞춰 보세요.

　원두 파우더 위에 동전을 올려놓는 방법도 있어요. 탬핑을 마친 원두 파우더 위에 동전을 올려놓고 포타필터를 끼웠다 뺐을 때 동전 자국이 남지 않을 정도면 됩니다.

　적정량의 도징이 올바른 추출 방법이지만 의도적으로 커피 맛을 강하게 내고 싶다면 실제 도징양보다 더 많은 양을 넣기도 하는데 이처럼 정량보다 많이 넣는 작업을 업도징Updodging이라고 해요. 보통 에스프레소를 진하게 추출하기 위해 수율을 높이고 싶을 때 많이 사용합니다.

　추출 시간에 따라 커피의 맛도 달라지는데 추출 시간이 빠르면 과소추출로 커피의 맛을 모두 뽑아내지 못해요. 대신 산미가 돋보이고 깔끔한 맛이 강해지죠. 반대로 추출 시간이 길어지면 과다추출이 일어나 커피의 맛을 너무 많이 뽑아내 쓴맛이 강해지고 바디감도 높아진답니다.

이 이론을 원두의 로스팅과 연결해 보세요. 로스팅 포인트가 많이 진행된 진한 색의 강배전 원두는 원래 쓴맛이 강한 커피죠. 이 커피를 추출할 때 추출 시간을 어떻게 잡아야 이상적일까요? 정답은 없지만 강배전 원두는 원두 자체의 성분이 물에 쉽게 녹아들기 때문에 추출 시간이 짧아도 충분합니다. 오히려 쓴맛을 줄일 수 있으며 부정적인 성분이 덜 추출되게 만들 수 있어요. 반대로 약배전 원두는 물에 녹아들기 위해서 높은 온도와 압력, 긴 시간이 필요해요. 그러므로 약배전 원두를 사용할 때는 너무 짧은 추출 시간, 낮은 온도, 낮은 압력은 피해주는 것이 좋겠지요.

> 균일한 커피 맛을 내야하는 프랜차이즈 커피숍에서는 주로 중강배전 원두를 사용하고 있어요. 이 경우 커피에 너무 쓴맛이 나지 않도록 조심해야하기 때문에 보통 30초가 넘어가는 긴 추출은 하지 않습니다.

추출 시간과 로스팅 포인트에 따른 커피의 맛을 이끌어 내는 방법을 알아봤어요. 이젠 원하는 커피 맛을 마음대로 만들 수 있는 자신이 생겼나요? 배전이 약한 원두로 추출 시간을 다양하게 조절하며 추출해 보면서 프랜차이즈 커피에서 느끼지 못했던 맛과 향을 만들어 보세요.

33
도징에 필요한 장비 알아봐요

#도징링 #도징컵 #침칠봉 #디스트리뷰터 #레벨링 #탬퍼

도징은 반자동머신에서 매우 중요한 작업 중 하나예요. 언뜻 보면 원두 파우더를 담는 단순한 작업처럼 보이지만 실제로는 원두의 정량을 맞추는 일부터 원두 파우더의 밀집력, 파우더를 평평하게 담는 작업 등 신경써야 할 부분이 제법 많죠. 이러한 작업을 쉽게 해주는 장비들이 있는데 이러한 장비는 무엇이 있고 또 이것들로 어떤 작업을 하는지 알아보겠습니다.

원두 흘림을 막아주는 도징링과 도징컵

도징링과 도징컵은 원두 파우더가 흘리지 않게 담을 수 있도록 해주는 장비입니다. 도징링은 포타필터 윗부분에 끼우는 장비예요. 깔때기처럼 입구 폭을 넓게 확장해 주는 장비로 원두를 넣을 때 흘리지 않게 도와줍니다. 보통 그라인더에서 바로 원두

| 도징링

파우더를 받을 때 사용할 유용하게 사용할 수 있어요. 단 그라인더 종류에 따라 도징링을 착용했을 때 거치가 안 되는 제품도 있으니 잘 확인해 본 후 구매해야 해요.

도징컵은 원두 파우더를 담는 컵을 말합니다. 그라인더에서 도징컵으로 직접 원두 파우더를 담을 때 사용합니다. 정전기가 방지되는 재질로 만들어졌기 때문에 원두 미분이 달라 붙는 문제가 어느 정도 해결되죠. 원두 파우더를 받은 후 도징컵을 손으로 툭툭 쳐서 원두 뭉침을 풀어 줄 수 있어요.

원두 파우더를 담은 도징컵 위에 포타필터를 뒤집어서 올려놓습니다. 도징컵의 너비는 포타필터의 너비와 같기 때문에 포타필터를 끼우면 빈틈이 없게 돼요. 이 상태에서 도징컵과 포타필터를 함께 돌리면 원두 파우더가 포타필터에 담기게 됩니다. 도징링처럼 흘림 없이 도징할 수 있게 해줍니다.

도징컵 입구를 살펴보면 포타필터와 결합되도록 홈이 나 있는데 이 홈의 한쪽은 뚫려 있습니다. 그래서 원두를 넣고 흔들면 그곳에 빈틈이 생겨 원두 파우더가 셀 수 있습니다. 그러므로 도징컵을 포타필터에 결합할 때 뚫려 있는 부분은 해당 방향으로 밀어 사이에 빈틈이 생기지 않게 만든 뒤 사용합니다.

| 도징컵 위에 포타필터를 올린 후 뒤집어서 원두가 포타필터에 담기도록 한다.

도징링과 도징컵 중 하나만 사용해도 되고 함께 사용해도 돼요. 이 제품은 쇼핑몰에서 구매할 수 있어요. 기존에 사용하던 포타필터의 너비 사이즈에 맞춰 구매하는 것, 잊지 마세요.

원두 뭉침을 풀어주는 침칠봉

침칠봉은 스테인레스 재질로 구성된 몇 개의 철사처럼 가늘게 나온 붓 모양의 장비입니다. 이 장비는 그라인딩된 원두 파우더에서 뭉쳐있는 부분을 침칠봉으로 돌려서 뭉침을 제거해주는 장비입니다. 매우 사소해 보이나 에스프레소용으로 가늘게 원두를 그라인딩할 때 생기는 파우더의 뭉침을 해결할 때 많은 도움을 주는 장비예요.

파우더가 뭉친 부분은 밀도가 높아 커피를 추출할 때 다른 부위보다 추출이 더디 밀도가 낮은 부위로 흐르는 채널링이 발생하기 쉽습니다. 채널링은 바른 추출을 방해하는 요소인 것 기억하시죠. 파우더의 뭉침을 해결하는 것은 올바른 커피 추출을 위해 중요한 작업이에요.

침칠봉은 붓 모양 대신 디스트리뷰터처럼 생긴 제품도 있어요. 대표적인 제품인 두오모 디스트리뷰터는 디스트뷰터 안에 침이 달려 있어 포타필터에 넣고 돌려서 파우더의 뭉침을 풀어줄 수 있답니다.

두오모 디스트리뷰터는 두오모 성당의 돔 모양과 닮았다고 이름이 붙여진 제품입니다.

| 침칭봉과 디스트리뷰터형 침칭봉

원두 평탄 작업을 해주는 디스트리트뷰터

디스트리트뷰터Distributor 또는 레벨링툴 이라고 부르는 이 장비는 도장처럼 생겼어요. 바닥 면이 매끈한 스테인레스 재질로 되어 있고 크기에 비해 제법 무겁답니다. 바닥 면은 제조사마다 다양한 형태를 가지고 있답니다. 어떤 제품은 삼각형이거나 일자인 것도 있고 가운데가 볼록하게 나와 있는 모양도 있어요. 원두 파우더에 접하는 부분이라 커피 파우더를 효과적으로 분배하기 위한 목적으로 저마다 다양하게 디자인 되었어요.

바스켓에 원두를 넣다 보면 의도하지 않게 커피 파우더가 한

| 다양한 모양의 레벨링. 오른쪽은 탬퍼 겸용 레벨링이다.

| 원두 파우더가 한쪽으로 많이 담겨 있는 상태에서 탬퍼를 누른 경우 한쪽의 밀도가 높아진다.

쪽으로 더 많이 담기는 일이 발생하곤 해요. 이 상태에서 바닥면이 평평한 탬퍼로 누르고 보면 외관상 파우더 면이 평평하지만 파우더양이 많이 담겼던 쪽의 밀도가 높아진 상태예요. 밀도가 높다는 것은 입자와 입자 사이의 간격이 좁아져 밀집력이 높다는 것을 의미합니다. 밀집력이 높으면 물에 적셨을 때 물이 침투가 어려워지겠죠. 원두 파우더의 밀도가 균일해서 물을 적셨을 때 동일한 속도로 젖어들어야 하는데 밀도가 한쪽만 높아지면 물이 적셔지는 형태가 달라지게 돼요. 이는 곧 바르지 않은 추출로 이어지게 됩니다.

 이러한 문제를 해결하기 위해 나온 장비가 디스트리뷰터입니다. 이 도구는 포타필터에 담긴 원두 파우더 위에 올린 후 돌려주면 모래밭에서 멀리뛰기를 할 때 모래밭에 남은 발자국을 밀대로 밀어 없애듯이 원두의 파우더면을 평탄하게 해주고 밀도가 한쪽으로 쏠리는 문제를 어느 정도 해결해 줍니다.

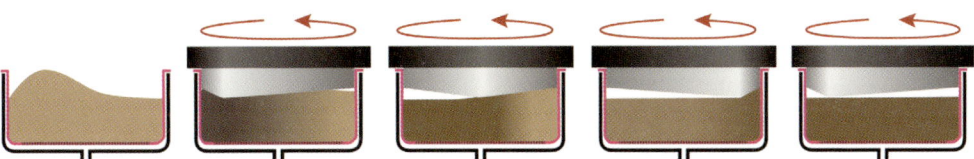

| 디스트리뷰터로 돌리면 밀도가 골고루 분배된다.

디스트리뷰터는 누르는 면의 높이를 조절할 수 있는데 돌출된 높이를 포타필터에 담은 커피 파우더의 양에 맞춰줍니다. 디스트리뷰터가 너무 얕게 나와있으면 커피 파우더를 제대로 분배시켜줄 수 없고, 너무 깊게 빠져있다면 디스트리뷰터의 튀어나온 부분이 담아둔 원두 파우더를 깊숙이 눌러버리기 때문에 오히려 채널링 현상이 생길 수 있습니다.

디스트리뷰터의 적정 높이를 맞추는 방법은 링 조절 부분을 열어 디스트리뷰터의 면을 충분히 빼도록 합니다. 그런 다음 포타필터에 원두를 넣고 디스트리뷰터를 올려둔 채 돌려봅니다. 디스트리뷰터를 뺀 후 포타필터에 담긴 원두 파우더 형태를 살펴보세요. 디스트리뷰터의 눌린 자국이 남아 있으면 디스트리뷰터의 높이가 너무 많이 나온 거예요. 높이를 조절하여 커피 파우더 표면이 고르게 보이는 선까지 높이를 설정하면 됩니다.

디스트리뷰터는 포타필터 크기와 동일한 크기로 구매합니다.

원두 밀집력을 높여주는 탬퍼

탬퍼Tamper는 포타필터에 담긴 원두 파우더를 누르는 장비예요. 그리고 탬퍼로 누르는 작업을 탬핑Tamping이라고 부릅니다. 탬핑을 하는 이유는 원두 파우더를 평평하게 다져주고 밀집력을 높여주기 때문이죠.

탬핑으로 파우더의 면을 수평으로 바르게 잡아야 추출할 때 물이 한쪽으로 흐르지 않고 골고루 스며들 수 있답니다. 그리고 파우더의 면을 다져 밀집력을 높여주면 그룹헤드에서 발생하

탬퍼는 채널링 현상을 줄여주는 대표적인 도구예요. 채널링에 대한 자세한 설명은 144페이지를 참조하세요.

| 다양한 모양의 탬퍼

는 압력에 대항하는 반작용 압력이 발생하여 커피를 진하게 뽑을 수 있어요. 만약 파우더의 면을 다지지 않으면 밀집력이 약해지고 그룹헤드에 나오는 압력에 대한 반작용 압력이 낮아 과소추출되는 문제가 발생해요.

탬퍼는 도장처럼 생긴 일반적인 탬퍼 이외에 아랫면이 뾰족하게 생긴 탬퍼, 둥글게 생긴 탬퍼, 손잡이가 없는 핸들리스 탬퍼 등 다양한 종류가 있어요. 탬퍼 아랫면의 생김새가 평평하지 않은 제품들은 도넛 현상이라는 편차 추출이 일어나지 않게 탬핑할 때 커피 파우더를 가운데 부분으로 모아주는 역할을 해요. 여기서 주의할 점은 과하게 가운데로 모여 추출이 되면 오히려 채널링을 일으킬 수 있기 때문에 적정한 곡선의 면이 필요합니다. 또한 손잡이가 없는 디자인은 포타필터에 올려놓고 사용하며 수평을 맞추는 데 도움을 주는 도구입니다.

도넛 현상이란 커피 추출시 도넛 모양처럼 바깥쪽을 중심으로 추출되는 현상을 말합니다.

탬핑할 때는 수평에 맞추어 다지는 작업을 신경 써야 합니다. 수평 맞추기를 제대로 안 하면 채널링이 생기기 때문이죠. 포타

필터를 받침대에 놓고 탬퍼를 정확하게 수직 방향으로 누릅니다. 이때 엄지와 검지를 탬퍼와 포타필터 이음새에 두고 간격을 확인하면서 누르면 수평 맞추기에 도움이 된답니다. 이 제품 역시 포타필터 크기에 맞는 제품을 구매해야 합니다.

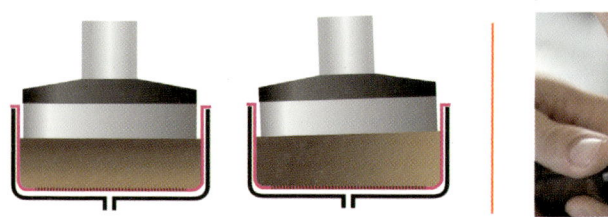 

| 바르게 탬핑한 경우와 한쪽으로 치우친 경우, 엄지와 검지로 수평을 맞추며 탬핑한다.

34
에스프레소의
적정 추출 방법을 알아봐요

#에스프레소의 적정 추출 #압력 #저항 #채널링

에스프레소의 적정 추출을 이해하려면 압력과 저항에 대해서 알아야 해요. 에스프레소는 기계에서 뽑아내는 수증기 압력과 이 압력을 받는 포타필터의 저항 사이의 균형이 맞아야 추출이 제대로 이루어지거든요.

포타필터는 원두 파우더의 상태에 따라 압력에 대한 저항을 발생시키는데 원두 파우더가 고우면 분말 사이의 밀집력이 높아지고 결국 저항값이 높아져 원두 분말 사이로 수증기 압력이 뚫고 가기 어려워지죠. 그래서 추출 시간도 늦어지게 됩니다. 반대로 원두 파우더가 거칠면 분말 사이에 공간이 많기 때문에 저항값은 낮아지고 그만큼 추출도 빨라지게 됩니다.

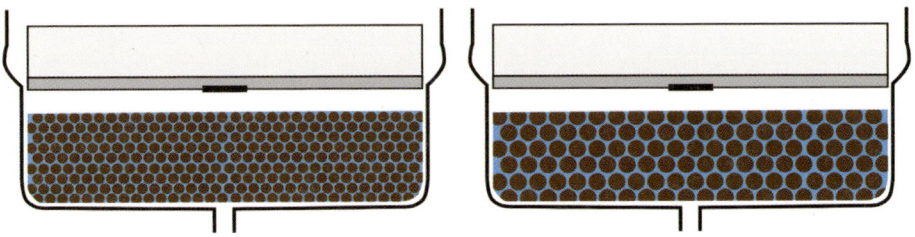

| 커피 파우더 크기가 작은 경우와 커피 파우더 크기가 큰 경우

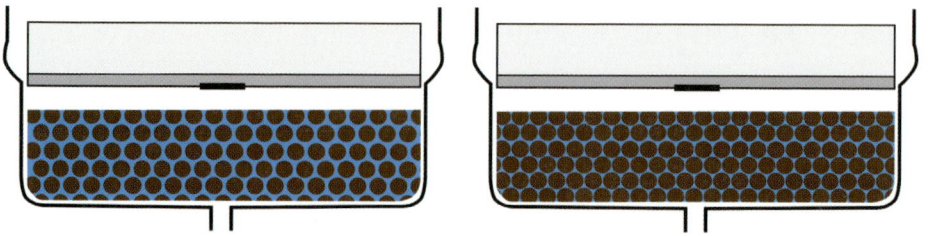

| 원두 분말 크기가 같더라도 양이 많을수록 저항값이 높아진다.

이번에는 커피 파우더의 양을 생각해 볼까요. 커피 파우더의 양이 많다는 것은 포타필터의 적정 도징양보다 많다는 것을 의미해요. 그리고 포타필터의 정해진 공간에 많은 커피 파우더를 넣기 위해서 탬퍼로 눌러줘야 할 거예요. 이렇게 다져진 분말 사이의 공간은 좁아지겠죠. 그만큼 저항도 높아질 테니 추출도 더뎌지게 됩니다. 반대로 커피의 양을 줄이면 분말 사이에 공간이 생겨 저항은 낮아지고 추출도 빨라지겠죠. 이 관계를 잘 이해하세요.

다시 정리하면 추출 시간을 좌우하는 것은 크게 원두 분쇄도와 담긴 커피의 양입니다. 효율적으로 원하는 추출값을 잡으려면 먼저 원두의 양을 정하세요. 그리고 목표 추출 시간을 설정한 후 고정된 원두의 양에서 분쇄도를 조절하며 목표 추출 시간에 도달하도록 합니다. 추출 시간이 빠르면 원두 분쇄를 조금 더 가늘게 설정하고 추출 시간이 느리면 원두 분쇄를 조금 더 굵게 설정합니다. 이렇게 조절한 값으로 추출해보고 맛이 아쉽다면 커피의 양을 새로 조절해 보세요. 단 커피의 양이 늘어날 경우 같은 분쇄도에서 추출 시간은 길어지기 때문에 분쇄도를 굵게 설정하는 게 필요하고, 반대의 경우 분쇄도를 가늘게 설정하는 등, 서로 상호보완적인 조절이 필요합니다. 원두의 양을 조절할때는 0.5~1g 단위로 작게 쪼개어 조절해 보세요. 특히 에스프레소는 저항값에 따른 압력에 의한 추출 시간이 크게 달라지기 때문에 추후 디테일하게 커피맛을 잡기 위해서는 0.1g 단위로 조절이 필요합니다. 분쇄도도 마찬가지고 보일러 물의 온도를 설정할 때도 큰 단위보다는 작은 단위로 바꿔보는 걸 추천해요.

이러한 추출 과정에서 포타필터는 스파웃이 없는 바텀리스 종류로 사용하면 도움이 됩니다. 바닥이 뚫려 있기 때문에 바스켓에서 커피가 추출되는 모습을 바로 확인할 수 있죠. 가장 이상적인 상태는 바스켓의 각각의 구멍에서 골고루 추출되다가 가운데 부분에 줄기 형태로 모여서 나오는 것입니다.

바텀리스 포타필터로 추출해보면 밀도가 균일하지 않는 경우 가운데로 모이지 않고 불규칙하게 추출되는 것을 볼 수 있어요. 반대로 밀도가 균일하면 가운데로 모여 일정하게 추출된답니다. 이처럼 밀도가 균일하지 않아 가운데로 모이지 않고 사방으로 추출되는 현상을 채널링Channeling이 발생했다고 합니다. 그리고 채널링이 심하게 발생했을 때 추출물이 사방으로 튀는 것을 물총 현상이라고 말합니다.

여기서 더욱 완벽한 에스프레소 추출을 원한다면 원두 파우더에 뭉침이 발생하지 않게끔 다양한 도구를 써주는 게 좋아요. 도징컵에 원두파우더를 담아 잘 흔들어 포타필터 바스켓으로 옮겨 담아 도징하세요. 도징 후에는 침칠봉으로 뭉침을 없애주고 디스트리뷰터로 평탄화 작업을 해준 뒤 탬퍼로 잘 다져주면 채널링을 방지할 수 있지요.

적정 추출값을 찾는 건 생각보다 어렵습니다. 그래서 보통은 적정 추출 환경을 맞춘 후 외부적으로 큰 변화가 없는 한 지정된 세팅값에서 크게 변화를 주지 않습니다. 예를 들어 에스프레소로 추출하다가 핸드드립 커피를 추출하려고 한다면 원두의 분쇄도를 변경해야겠죠. 이러한 경우 분쇄도 입자 조절을 다시 해야 하기 때문에 커피전문점에서는 각 용도에 맞게 그라인더를 여러 대 갖춰놓습니다.

| 추출이 잘 된 경우와 채널링이 발생한 경우

35
커피머신 청소하는 방법 알아봐요

#스케일 #디스케일링 #구연산 #세정제

커피머신은 고온의 물을 이용해요. 대개 물은 ph8의 약알카리성으로 다양한 미네랄을 담고 있는데 커피머신 속 물이 흐르는 관에 이러한 미네랄이 접하면서 이물질이 끼게 돼요. 이 이물질을 스케일Scale이라고 합니다. 그리고 이러한 스케일을 제거하는 작업을 디스케일링Descaling이라고 불러요. 처음에는 스케일이 작아 끼치는 영향이 미미하지만 사용량이 많아질수록 스케일이 커져 온도 유지와 물의 흐름 등에 악영향을 끼치게 되고, 특히 안 좋은 커피 맛을 내게 하죠.

물의 수질이 안 좋은 유럽은 이러한 스케일 현상이 심하여 유

| 정상적인 관과 스케일이 낀 관

스케일 중 탄산칼슘과 중탄산마그네슘이 작용하여 만들어진 흰색 침전물인 석회질이 커피머신에서 치명적입니다. 보통 스케일하면 석회질을 의미합니다. 석회질은 배관에 침전되며 쉽게 없어지지 않는 특징을 가지고 있으며 기기의 고장을 발생시키는 문제보다는 물맛에 영향을 끼치는 문제가 더 큽니다.

물에는 칼슘, 마그네슘, 철분 등 다양한 성분들이 포함되어 있는데 이러한 성분이 물에 얼만큼 있는가를 경도라는 기준으로 표시합니다. 물에 물질이 적으면 경도가 낮다고 하며 물맛은 부드럽습니다. 반대로 물질이 많이 들어 있으면 경도가 높다고 하며 물맛은 쓴맛이 강해집니다. 그리고 전자를 연수라고 하고 후자를 경수라고 부릅니다. 앞에서 소개한 스케일은 당연히 경수에서 주로 생기는 문제입니다.

커피에서 사용하는 물은 경수보다는 연수의 물이 좋습니다. 그리고 수돗물을 사용하는 경우에는 활성탄 필터를 이용한 정수기를 이용하면 염소 등의 냄새를 제거할 수 있습니다.

럽에서 생산되는 커피머신은 전원을 켰을 때 물 흘리기가 자동으로 진행되는 것을 볼 수 있어요. 우리나라는 유럽에 비해 양호한 편이지만 그래도 스케일 문제를 피해갈 수는 없답니다.

스케일을 방치하면 작았던 이물질이 점차 커지게 돼요. 이때는 약품으로도 해결할 수 없어요. 그럼 어떻게 될까요? 치아의 스케일링과 같아요. 이 사이에 생긴 이물질인 치석이 생기면 스케일링기를 이용하여 이물질로 긁어내죠. 같은 방법으로 커피머신을 완전히 분해한 후 일일이 스케일을 긁어서 제거해야 한답니다. 이런 번거로운 작업을 피하기 위해서 수시로 청소를 하여 스케일이 커지지 않게 해줘야 해요. 스케일 청소는 아주 큰 작업이기 때문에 최대한 스케일이 생기지 않도록 줄이는 방법으로 수시로 물 흘리기 방법이 있답니다.

> 가정용은 2~3달에 한 번씩 청소해주면 좋습니다.

스케일 청소 이외에 커피머신의 추출되는 그룹헤드와 물이 빠지는 배수관 청소도 필요합니다. 일반적인 청소 방법은 정기적으로 청소용 세정제를 이용하여 청소하는 방법이 있습니다.

| 커피머신 세척제

보통 커피머신 전용 청소용 약품을 사용하는데 가루형 제품도 있고 액체형 제품도 있어요. 설명서의 지시를 따라 물과 비율을 맞추고 섞으면 돼요.

전용 약품 대신 좀 더 저렴하게 사용하려면 구연산을 이용하는 방법이 있어요. 청소용은 5% 농도의 구연산이 필요하므로 1리터의 물에 5g의 구연산을 녹여서 만들 수 있어요.

이렇게 만들어진 청소용 혼합물을 커피머신의 물통에 새로 채워 넣고 기기의 전원을 켠 후 온수 추출과 커피 추출을 실행하여 물을 빼면 됩니다. 생각보다 나오는 물이 많기 때문에 빠진 물을 담을 수 있도록 큰 통을 미리 스팀 완다와 커피 추출구 앞에 둬야 해요. 물을 다 사용할 때까지 추출되면 물통을 빼서 깨끗이 씻은 다음 커피머신에 깨끗한 물을 채워넣고 같은 방법으로 추출하여 남아있는 청소용 혼합물이 없어지도록 합니다.

만일 사용하는 커피머신에 디스케일링 모드가 있다면 설명서를 참조하며 시행하세요. 전용 청소 방식과 전용 클리너를 사용하는 것이 제일 좋답니다.

브레빌사의 커피머신은 포타필터에 전용 청소용 알약을 넣고 청소를 할 수 있도록 구성되어 있습니다.

스팀 완다는 스팀이 나오는 기다란 봉을 말합니다.

가찌아 제품은 지정된 기간이 흐르면 디스케일링하라는 경고등이 켜집니다.

step 3

커피를 제작하는 과정을 살펴보면서 커피 추출하는 방법에 대해서 알아봅니다. 앞에서 배웠던 내용을 반복 학습하며 실전에는 어떻게 적용해서 사용되는지 살펴봅니다.

36 원두 로스팅 준비물 살펴봐요

#생두 #가정용 로스터기 #쿨러기

원두를 로스팅하려면 원두에 사용할 생두와 로스팅 기기 등 여러 준비물이 필요합니다. 작업에 들어가기 전에 준비해야 할 것이 무엇인지 알아볼게요.

생두

원두를 볶기 전의 커피콩을 말해요. 생두 전문점에서 로스팅에 사용할 생두를 구매해야 합니다.

가정용 로스터기

생두를 볶을 때 사용하는 기기를 말합니다. 집에 있는 프라이팬이나 수망으로 간단한 로스팅 정도도 충분히 가능하지만 제대로 된 로스팅을 하고 싶다면 가정용 로스터기를 갖추는 것이 좋아요. 대부분 전기열이나 열풍을 이용하는 제품들로 프라이팬이나 수망보다 깔끔하고 균일하게 작업할 수 있습니다.

| 가정용 로스터기

쿨러기

로스팅된 원두는 불을 제거하더라도 원두에 남아있는 열 때문에 계속해서 로스팅이 진행됩니다. 이러한 문제를 해결하기 위해서 커피 쿨러라는 기기를 이용해요. 로스팅용 커피 쿨러는 바람이 밑으로 빠져나가거나 위로 바람을 내뿜는 구조를 가지고 있어요. 그래서 망에 원두를 넣고 동작시키면 원두의 열을 식힐 수 있을 뿐만 아니라 생두 껍질인 채프를 자동으로 걸러줘서 채프가 공중에 날리는 일이 없답니다. 만일 전용 쿨러가 없다면 집에 있는 선풍기의 헤드가 위를 향하게 하고 원두는 헤드 위에 올리는 방식으로 식혀도 됩니다. 이 경우엔 망의 윗부분을 막아서 채프가 날리는 걸 방지해야 해요.

| 커피 쿨러

37
생두 구매하는 방법 알아봐요

#전문 생두 쇼핑몰

온라인 쇼핑몰에서 구매한 생두를 직접 로스팅해서 원두로 만들 수 있어요. 로스팅 작업은 매우 까다롭고 번거로운 작업입니다. 커피 전문점 사업이 목적이라면 제작비를 줄이고 새로운 커피를 만들기 위한 필수 작업이지만 개인이 사용하는 목적이라면 로스팅 작업을 마친 원두를 구매해서 사용하는 것이 훨씬 효율적이랍니다.

비효율적이라고 해도 더욱 신선하고 개성있는 나만의 커피를 만들기 위해서라면 홈 로스팅에 도전하는 것도 가치가 있지요. 로스팅을 통해 미세한 차이로 변화하는 원두를 보다 보면 로스팅의 미묘한 매력에 빠지게 될 거예요. 어쩌면 취미 생활처럼 익숙해질지도 모르죠.

로스팅을 하기 위해서는 먼저 생두를 구해야 해요. 생두는 온라인 쇼핑몰에서 쉽게 구할 수 있는데 같은 종류의 생두여도 가격이 천차만별이라 무엇을 골라야 할지 난감할 거예요. 신선한 제품인지 문제가 있는 제품은 아닐지 판단하는 것은 일반인들에게는 힘든 일입니다. 당장 아무 곳에 들어가 가격이 싼 제품을 구매하기보다는 공신력있는 생두 판매점을 이용하는 것이 좋습니다. 우리는 맛과 상관없이 무조건 가격이 싼 커피를 마시려는 게 목적이 아니기 때문이죠.

생두 쇼핑몰에 접속해서 제품들을 검색해 보면 생두의 다양한 가격대에 놀랄 거예요. 생두 가격이 1kg에 싸게는 5,000원대에서 비싸게는 30만 원이 넘거든요. 1kg으로 약 40잔의 커피를 만든다고 계산하면 비싼 생두는 커피 한 잔에 생두값만 3,000원이 넘게 되는 셈이죠. 로스팅 비용까지 포함한다면 한 잔의 원가가 무지막지하답니다. 그래서 커피 전문점에서는 저렴한 커피를 적절히 섞은 블렌드 커피를 백분 활용하여 저렴한 가격으로 훌륭한 커피를 맛볼 수 있도록 개발에 힘을 쏟는 거예요.

생두의 가격은 다양하기 때문에 제품의 가격을 고려하기보다는 자신에게 알맞은 생두를 고르는 것이 중요합니다. 개인이 한 잔의 커피에 플렉스해서 즐기고 싶다면 직접 고급 생두를 사는 것이 좋은 선택일 거예요. 단, 로스팅을 잘할 수 있다면 말이죠.

GSC	https://www.gsc.coffee
리브레	https://coffeelibre.kr
나무사이로	https://namusairo.com
엠아이커피	https://www.micoffee.co.kr
알마씨엘로	https://www.almacielo.com

| 전문 생두 쇼핑몰

38
생두에도 등급이 있어요

#커머셜 #프리미엄 #마이크로랏 #스페셜티 #컨벤셔널 커피 #프랜차이즈 커피 #커핑 #커핑 노트

비싼 생두가 무조건 좋을 거라는 생각은 큰 실수예요. 오히려 저렴해도 대중적인 생두가 더 좋을 수도 있거든요. 가격보다 중요한 것은 내가 좋아하는 커피를 찾는 것이에요. 그러니 처음에는 비싼 생두 대신에 대중적인 생두로 시작하는 것이 좋아요. 앞서 알아본 원두 생산지별 특징을 참고해서 고르면 된답니다.

생두 쇼핑몰의 상품 메뉴를 들여다보면 품질별로 등급을 구분해 놓은 것을 볼 수 있어요. 쇼핑몰마다 차이가 있겠지만 보통 커머셜, 프리미엄, 마이크로랏, 스페셜티 등으로 구분하고 있어요. 커머셜Commercial은 대량 생산으로 공급하는 생두로 약간의 결점이 있을 수 있지만 합리적인 가격으로 구매할 수 있는 생두이고 프리미엄Premium은 대량 생산 생두지만 결점이 상대적으로 적은 생두를 말해요. 마이크로랏Micro lot은 특정 농장이나 지역에서 소량 생산하는 개성있는 생두를 말하고 스페셜티Special tea는 SCA 기준에 따라 80점 이상인 고급 생두를 말합니다. 크게 분류하자면 커머셜과 프리미엄은 흔히 커피 전문점에서 맛볼 수 있는 컨벤셔널 커피Conventional coffee 또는 프랜차이즈 커피Franchise coffee와, 마이크로랏과 스페셜티의 고급 커피로 나눌 수 있어요. 고급 커피를 단순히 품질이 좋은 커피라기보다 균형있고 개성있는 맛을 제공하는 커피라고 생각하는 것이 좋아요.

생두의 양은 보통 500g, 1kg, 5kg 단위로 판매합니다. 처음 시도할 때는 적은 양부터 시작하고 로스팅에 익숙해지면 조금씩 양을 늘리는 것을 추천해요.

> 생두는 대부분 수입을 하는데 이때 20kg, 60~70kg의 포대로 들여 옵니다. 이렇게 들어온 생두를 업체에서 소분 포장해서 판매합니다.

생두를 선택했으면 상품의 상세 페이지를 열어 보세요. 생두에 대한 자세한 설명을 볼 수 있을 거예요. 원산지에 대한 소개와 맛과 향의 특징, 그리고 로스팅 정보를 볼 수 있어요.

생두의 맛과 향의 특징은 커핑Cupping이란 과정을 거쳐 기록돼요. 커핑이란 커피의 맛과 향을 감별하는 것을 가리킵니다. 전문 커피 감별사가 해당 커피의 향과 맛을 감별해서 커핑 노트에 기록해요.

커핑 노트에는 간단하게 원두의 특징을 요약하거나 테스트 휠에 구분된 각 항목에 대해 1점부터 5점까지 채점해서 표기할 내용들이 있습니다. 쇼핑몰의 상세 페이지에는 일반인들도 쉽게 알아볼 수 있게 맛과 향을 우리가 흔히 알 수 있는 과일이나 채소 등을 예로 들어 설명하거나, 한눈에 특징을 파악할 수 있도록 그래프로 정보를 표시하기도 합니다. 커핑 정보를 통해 해당 생두의 맛을 어느정도 예상할 수 있지요.

다음은 로스팅 정보입니다. 상품 페이지에는 약배전부터 강배전까지 구분해 놓은 항목이 있고, 해당 생두엔 어떤 종류의 로스팅을 추천하는지 표기하고 있습니다. 주관적인 기준이어도 전문가들이 제안하는 로스팅이니 가능한 가이드를 따르는 것이 좋겠지요.

커핑 노트를 처음 작성할 경우 맛을 찾는 게 낯설다 보니 이러한 과정을 어렵게 생각하는 경우가 많아요. 맛을 찾을 때 내게 익숙한 맛을 차분히 떠올려 보세요. 꼭 과일이나 허브 같은 맛이나 향이 아닌, 감기약 맛, 쌍화차 맛도 괜찮아요. 생각나는 표현을 찾아서 자유롭게 적으면 된답니다. 그런 다음 똑같이 추출한 커피를 다른 사람에게도 음미하게 하여 함께 비교 분석하면 다양한 맛을 찾는 데 도움이 될 거예요.

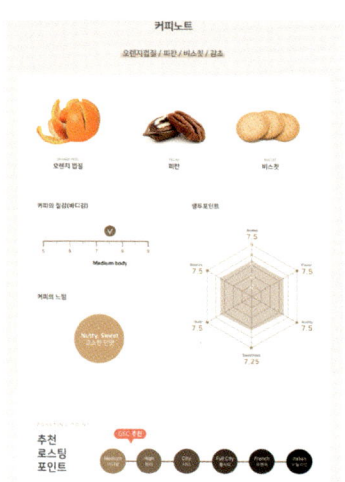

| [GSC] 쇼핑몰에서 제공하는 커피 정보

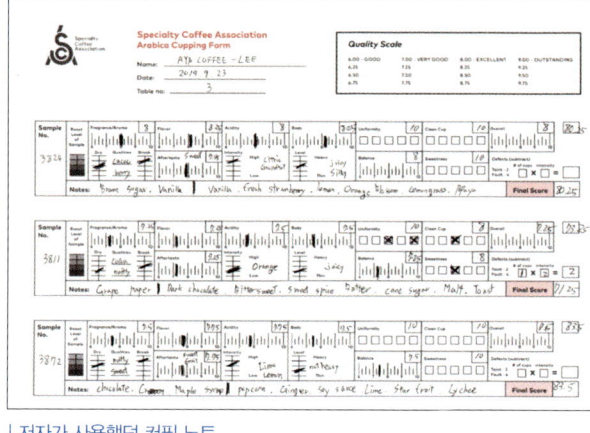

| 저자가 사용했던 커핑 노트

39 가정용 로스팅기를 살펴봐요

#프라이팬 #수망 #전기 로스터기 #열풍 로스터기 #직화형 로스터

요즘에는 다양한 종류의 가정용 로스팅 기기가 나오고 있기 때문에 일반인도 쉽게 로스팅할 수 있게 되었어요. 여기서는 가정용을 중심으로 프라이팬부터 가정용 로스터 기기까지 생두를 로스팅하는 기기에 대해 살펴보겠습니다.

먼저 가정에서 생두를 볶을 때 가장 쉽게 접할 수 있는 프라이팬부터 알아볼게요. 프라이팬에 생두를 넣고 볶아서 로스팅할 때는 열이 생두에 골고루 전달되지 않아서 주걱으로 계속 섞어 줘야 해요. 이보다 수월한 방식인 수망을 사용할 수도 있죠. 수망은 프라이팬처럼 생긴 철제 망이에요. 수망에 생두를 담고 볶는 중에 간간이 흔들어 주면 생두가 잘 섞여 프라이팬을 사용할 때보다 좋은 결과를 만들 수 있어요. 수망 로스팅이 프라이팬보다 열은 골고루 전달되긴 하지만 여전히 체계적인 로스팅 방법

| 프라이팬과 수망과 가스레인지용 로스터기

이라 하긴 어렵죠. 프라이팬과 수망은 아주 기본적인 방법이에요. 그래서 커피의 고장인 이탈리아에서는 아직도 이 방법으로 로스팅하는 사람들이 많다고 해요.

이렇게 직접 불을 이용하여 볶으면 채프가 과하게 날리고 연기가 올라와 일반 가정에서 사용하기 번거로울 수 있어요. 가정에서 이 기기로 로스팅하려면 환기가 잘 되는 공간인지 미리 확인해 두는 게 좋겠죠.

이번에는 전기를 사용한 가정용 로스터기들을 알아볼게요. 가장 손쉽게 구할 수 있는 기기로는 프라이팬처럼 생긴 전열 로스터기예요. 이 제품은 전원을 켜면 팬에 열이 올라오고 회전판이 돌아 생두를 자동으로 섞어줘서 생두가 타지 않도록 해줘요. 연기도 덜 나고 뚜껑을 닫아 두면 채프가 날리는 것도 어느 정도 막을 수 있기 때문에 직접 볶는 것보다는 조금 더 편합니다.

| 가정용 전열 로스터기

여기에 약간의 비용을 더 투자할 수 있다면 열풍을 이용한 로스터기가 좋은 선택일 수 있어요. 뜨거운 바람으로 생두를 볶아 주기 때문에 생두에 열을 균등하게 전달할 수 있으며 전열기구보다 관리가 안정적이죠. 열풍을 이용한 방식은 직

| 가정용 열풍식 로스터기

화식이나 반열풍식에 비해 드럼 내부의 예열 시간이 길고 개성 있는 커피맛을 만들기 어렵지만 대신 생두를 최대한 균일하게 로스팅할 수 있어요. 열풍 로스터기는 강배전보다 주로 약배전 로스팅에 사용됩니다.

그리고 가스 버너의 열을 이용하는 칼디 시리즈의 직화식 제품도 있어요. 이 제품은 캠핑용 버너 위에 올려서 사용하며 팬을 돌리기 위해 전기도 이용한답니다. 매우 로스팅 효과가 좋으나 연기가 심하게 올라오기 때문에 환풍 시설을 갖춘 장소에서 사용해야 합니다. 직화식으로 로스팅하면 점성이 있고 찰진 느낌의 원두를 만들어주며 맛의 개성이 강한 편입니다. 그래서 중강배전의 원두를 볶을 때 적합해요.

| 렌지를 이용하는 직화식 로스터기

전기를 이용하는 가정용 로스터기에 대해서 알아봤어요. 이러한 기기들은 상업용에 비해 열이 약해 한 번에 많은 용량을 볶을 수 없으며, 설명서에 제시하는 용량보다 적게 넣어야 제대로 볶아진답니다. 원두의 양이 많아지면 그만큼 로스팅 시간이 오래 걸려서 원두의 맛과 향이 손실되기 쉽기 때문이에요. 로스팅을 여러 번 해보면서 내가 사용하는 로스터기에 적당한 생두의 양이 어느 정도인지 찾아보세요.

그리고 내가 평소 사용하는 원두의 양도 얼마나 되는지도 알아두어야 합니다. 만일 하루에 60g 정도의 원두를 소비하고 로스팅기는 한 번에 180g 정도의 원두를 생산할 수 있다면 한 번의 로스팅으로 약 3일 정도 사용할 수 있을 거예요. 그런데 한 번에 60g밖에 볶지 못한다면 매일 로스팅해야 하는 번거로움이 생기겠죠. 그러므로 내가 사용하는 원두의 양에 따라 알맞은 크기의 로스터기를 선택해야 합니다.

한 잔의 커피를 추출하는 데 약 20g 정도 사용된다고 생각하고 계산합니다.

가정에서 로스팅하는 작업은 여간 귀찮은 일이 아닐 거예요. 그래서 좀 더 편리하게 로스팅할 수 있도록 해주는 기기들이 출시되고 있어요. 특히 스마트폰과 연결하여 로스터 과정을 모니터링하고 이렇게 기록된 데이터를 기반으로 재실행도 할 수 있는 스마트한 제품인 샌드박스 스마트 로스터기 R1 기기는 모니터링한 정보를 활용하여 더욱 체계적이고 실수 없는 로스팅을 할 수 있도록 해줘요. 비록 많은 양을 로스팅할 수는 없지만 연기도 덜하고 로스팅 과정을 자동으로 알아서 처리해주므로 번거로울 수 있는 로스팅 작업을 간편하게 만들어 준답니다.

조금 더 비용을 투자하면 카멜 큐브로스터 시리즈처럼 상업용 로스터기를 축

| 스마트폰과 연동해서 로스팅을 제어하는 샌드박스 로스터기

소해둔 제품도 이용할 수 있어요. 가스레인지의 열을 이용하지만 로스팅 용량도 크고 스마트폰과 연결하여 로스팅을 분석할 수 있으며 상업용처럼 로스팅 직후 원두를 쿨링할 수 있는 시스템도 갖춰져 있답니다.

| 시타 로스터기, 보카보카250, ccr-305
제네카페 CBR 101A, 샌드박스 스마트 로스터기 R1, 칼디 미니 커피로스터
칼디 와이드 커피로스터, 카멜 큐브로스터 JW-G300

40 원두 로스팅 과정 살펴봐요

#선 핸드픽 #후 핸드픽 #디게싱

앞에서 로스터 기기들에 대해서 살펴봤어요. 여기서는 로스터 기가 생두를 로스팅하는 과정을 대략적으로 살펴보겠습니다. 로스팅을 하려면 먼저 로스터에 사용할 양의 생두를 준비합니다. 그리고 생두에서 결점이 있는 생두가 있는지 확인하고 걸러 냅니다. 이를 선 핸드픽Hand pick이라고 합니다. 준비가 다 되었으면 로스터기를 예열합니다. 기기마다 예열 시간이 다르므로 설명서를 참조하여 지정된 시간만큼 동작시켜 충분히 데워주세요. 예열이 끝났다면 생두를 넣는 곳에 생두를 담습니다. 생두를 얼만큼 넣는가는 매우 중요해요. 가정용은 화력이 약하다 보니 생두를 너무 많이 넣으면 균일하게 볶아지지 않을 수 있기 때문입니다. 보통 기기에서 지시하는 용량보다 적게 넣어 주세요.

수망을 사용하는 경우에는 수망의 크기에 따라 차이가 있지만 보통 약 50~100g 정도의 분량을 담습니다. 생두를 많이 넣을 경우 골고루 볶아지지 않을 수 있으니 살짝 적은 양을 넣는 것 잊지 마시고요. 그리고 불은 중불로 놓고 수망은 불에서

20~30cm 떨어진 위치에서 수망을 흔들면서 볶습니다. 앞뒤로 흔들어 생두에 열이 고루 전달되도록 합니다. 프라이팬을 이용할 때는 조금 센 불에서 주걱으로 계속 휘젓거나 프라이팬을 흔들며 볶아줍니다.

직화형 로스팅기를 이용하는 경우에는 원하는 온도가 되도록 충분히 예열한 후 생두를 투입합니다. 열을 받기 전 생두의 상태는 육안으로 보기에 녹색을 띠지만, 열을 가함에 따라 차례대로 노란색, 갈색, 검은색으로 변하게 됩니다. 수분의 함량도 점차 낮아집니다. 연기가 나고 채프가 날리기 시작하면 생두 내부의 수분이 충분히 날아간 것을 의미하며 이때부터 본격적인 화학 반응이 시작됩니다.

로스팅을 진행하다보면 흔히 팝이라고도 부르는 크랙의 소리를 들을 수 있어요. 보통 팝콘처럼 '탁탁' 거리는 소리가 나요. 로스팅 과정에서는 총 두 번의 크랙 구간이 있으며 각각 1차 크랙, 2차 크랙이라고 해요. 아주 약한 노르딕 스타일의 로스팅의 경우 크랙이 이루어지기 전에 로스팅을 끝내는 경우도 있지만, 대부분 맛의 발현 폭이 큰 구간인 1차 크랙을 기점으로 로스팅 포인트를 잡습니다. 1차 크랙이 시작되는 때를 보통 약배전 단계에 돌입하는 구간이라고 봐요. 산미를 살리고 산뜻한 향 위주의 커피를 즐기고 싶다면 약배전 단계에서 로스팅을 마치는 게 좋습니다. 다만 약배전 커피의 경우 추출 과정에서 물을 잘 머

> 노르딕 스타일이란 약배전의 로스팅이라고 생각하면 됩니다. 예전 북미 스페셜티 커피의 기준이 변화될 시기 이미 앞서 있던 북유럽 스타일을 노르딕 스타일이라고 부르게 된 게 명칭의 유래입니다.

금지 못해 커피의 성분을 충분히 끌어내기가 어렵고, 수율을 맞출 때 여러가지 조건이 필요하기 때문에 충분히 숙련됐을 때 도전하길 추천해요.

1차 크랙이 진행되는 과정에서 열이 계속 가해진다면 이산화탄소가 더 팽창하며 생두의 색이 점점 진한 갈색으로 변합니다. 이러한 과정을 거치며 원두는 약배전-중약배전-중배전 정도의 로스팅 포인트가 됩니다. 또한 2차 크랙이 오는 시점을 소리로 확인할 수 있는데요, 1차 크랙과는 약간 다른 소리인 '티티틱' 하는 소리가 들릴 거예요. 보통 2차 크랙이 진행되는 시점부터 중강배전 단계에 돌입한다고 볼 수 있어요. 2차 크랙이 진행되면 원두 표피에 오일 성분이 올라오고 원두가 검게 변하죠. 열이 계속 가해지면 강배전에 돌입하게 됩니다. 간혹 너무 오랜 시간 동안 강한 불을 주었을 때 강배전을 넘어선 상태로 원두가 숯처럼 까맣게 보이는데, 원두의 향이 파괴되고 쓴맛이 강해지며 신맛은 거의 찾아볼 수 없습니다. 과한 로스팅으로 커피의 본래의 향이 로스팅 과정에서 생기는 연기, 쓴맛, 탄내 등에 가려지기

생두에 열을 가하면 생두 안에 이산화탄소가 발생하여 내부 압력이 올라갑니다. 크랙은 이 압력으로 균열이 생기면서 나타나는 과정입니다.

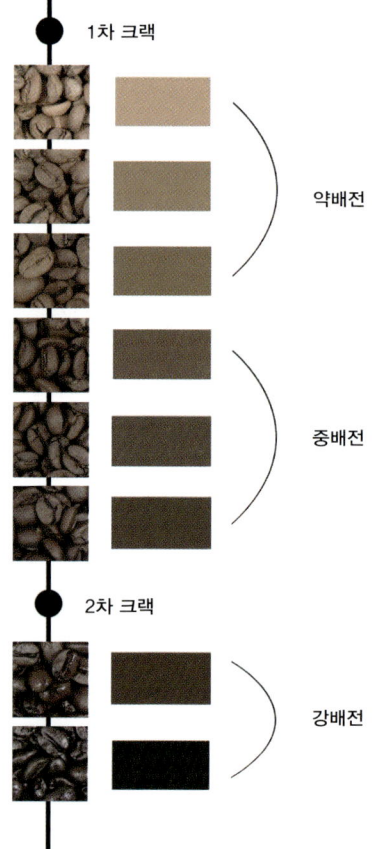

때문에 유의해야 합니다.

수망이나 프라이팬을 사용하는 경우에는 1차 크랙이 시작되면 불의 세기를 조금 줄이고 진행하는 것이 좋아요. 보통 이 상태에서 약 1분 정도 더 볶은 후 로스팅을 중단합니다.

생두는 로스팅을 할 때 신맛과 향이 서서히 강해지다가 로스팅이 길어지면 신맛과 향은 손실되고 쓴맛과 진한맛이 강해집니다. 그러므로 신맛을 원하면 약배전으로 로스팅하고 진한 쓴맛을 원하면 강배전으로 로스팅합니다. 이는 생두의 종류에 따라 차이가 있으므로 상황에 따라 조절합니다.

로스팅이 끝나서 가열을 하지 않아도 원두에는 여전히 열이 남아 있어서 로스팅이 계속 진행돼요. 이 점까지 계산하여 원하는 배전 단계에 다다르기 전에 끝내야 하며 로스팅이 끝나면 재빨리 원두를 꺼내 채망에 담고 흔들어서 열을 식힙니다.

상업용 로스팅에서 로스팅을 마친 원두는 곧바로 쿨러로 이동되어 쿨링 과정에 들어갑니다.

열을 식히는 제일 좋은 방법은 로스팅용 커피 쿨러를 사용하는 거예요. 만일 커피 쿨러가 없다면 선풍기를 사용해도 됩니다. 선풍기 헤드를 위로 향하게 하고 망에 담은 원두를 위에 올려두면 돼요. 이때 로스팅하면서 나온 채프가 흩날릴 수 있는데 이를 방지하려면 원두 위에 수망을 올려두세요. 채프가 날리는 걸 어느 정도 줄일 수 있답니다.

로스팅 쿨러기는 팬이 달린 구조로 바람을 통해 원두를 식혀 줍니다.

로스팅이 끝났으면 원두를 살펴보면서 눈에 띄게 색이 다른 불량 원두를 골라내는 작업을 합니다. 불량 원두는 커피의 맛에 부정적인 영향을 끼치기 때문에 꼭 필요한 과정이에요. 이처럼 로스팅이 끝난 뒤에 불량 원두를 골라내는 작업을 후(後) 핸드픽이라고 합니다.

선풍기나 환풍기의 팬을 이용하면 전용 쿨러기를 대신할 수 있습니다.

로스팅 과정을 간단하게 살펴보았어요. 사실 로스팅은 기기의 환경과 작업 환경에 많은 영향을 받는 까다로운 작업이에요. 직접 로스팅해보며 나만의 방법을 찾는 것이 아주 중요하죠. 가정용 로스터기를 사용할 때는 소음, 연기, 채프 날림, 화재에 주의해야 합니다. 찬바람이 들이치는 야외는 로스터기에 영향을 끼칠 수 있어요. 가장 좋은 환경은 밀폐되어 있지만 언제든 환풍할 수 있는 곳입니다. 또 한 가지 중요한 것은 생각보다 로스터기의 열이 세다는 거예요. 로스터기 근처에는 가연성 물건을 두지 않아야 하며 소화기를 주변에 비치하는 등 화재를 예방하는 자세가 필요합니다. 또한 화상을 입지 않도록 주의하세요.

로스팅이 끝난 직후 원두를 바로 사용하면 좋겠지만 추출하기에 좋은 원두의 상태를 만드려면 시간이 더 필요해요. 이를 디게싱Degassing 과정이라고 합니다. 갓 로스팅된 원두는 이산화탄소를 포함한 여러가지 가스들이 함유되어 있습니다. 이산화탄소 등의 가스를 배출시키지 않고 추출했을 때에는 뜨거운 물이 그라인딩 된 원두에 충분히 흡수되지 못해 원두 속 성분을 완전히 끌어내기 어려워요. 그래서 보통 핸드드립용으로 사용하려면 1~2일 정도 두고 에스프레소용으로 사용하려면 3~4일이 지난 후 사용하는 경우가 많습니다. 약배전보다 강배전이 가스의 함유량이 많아서 빠져 나가는 시간이 오래 걸립니다. 로스팅이 완료되면 원두를 충분히 식힌 후 커피 전용 아로마 밸브가 있는 지퍼백에 서늘한 곳에 보관하면 된답니다. 아로마 밸브를 통해 가스가 빠져나가거든요. 시간적 여유가 된다면 5~7일 정도 넉넉하게 디개싱해주면 좋아요. 이후에는 밀폐용기에 담아서 보관해도 된답니다.

단, 디개싱이 무조건적으로 커피맛을 맛있게 만드는 건 아니에요. 디개싱 과정을 거치면 원두는 추출하기에 좋은 상태가 되지만, 디개싱 과정 중 긍정적인 좋은 향도 같이 휘발되기 때문이에요. 그래서 디개싱 기간이 오래되면 오래될수록 맛과 향의 복합성은 떨어지고 단조롭게 변화합니다.

바리스타가 겪어본 로스팅

초심자들은 로스팅을 너무 어렵게 생각해 난관에 부딪칠 때가 많아요. 물론 깊이 공부하다 보면 끝이 없다는 걸 알게 되고, 그래서 어려울 수도 있지만 처음 시작할 때는 가벼운 마음으로 마치 요리 중에 고기를 굽는다고 생각한다면 쉬워요. 우리가 고기를 구울 때 불의 온도, 철판의 재질, 고기의 두께 등 모든 요소가 다른 것처럼 로스팅할 때도 모든 상황을 정해진 공식과 답에 맞춰 할 순 없어요. 그러니 로스팅할 때는 기존의 레시피를 그대로 따라 하기보다, 내가 하고 싶은 대로 마음껏 볶아 보세요. 어떤 때는 강하게 볶아 강배전 원두를 만들어보고, 약하게 볶아 약배전 원두를 만들어 보며 경험을 쌓는 게 좋아요. 다양한 경험을 겪다 보면 어느새 로스팅 중에 생기는 변수에 대응할 수 있는 노하우가 생긴답니다. 참! 로스팅할 때 기록하는 것을 잊지 마세요. 사용하고 있는 로스터기가 컴퓨터나 태블릿에 로스팅 프로파일 프로그램과 연결할 수 있다면 프로파일 데이터를 저장하고 이게 힘들다면 수기로라도 작성해 두는 게 좋아요. 커피 맛을 테스트할 때 예전 기록과 대조하며 어떤 방법으로 로스팅 했을 때 내가 좋아하는 맛이 나오는지 찾아볼 수 있어요. 그리고 좋아하는 맛의 커피를 볶았을 때 이때 정보를 기록해 두면 나중에 맛을 재현할 때 기록이 도움을 주겠죠?
한 가지 팁을 드리자면 로스팅할 때 생두가 가진 좋은 향과 맛을 강하게 발현하는 것도 중요하지만, 열에 의해 데미지를 입어 부정적인 향미가 생기지 않게 주의하세요. 대게 부정적인 향미는 맛을 볼 때 강하게 느껴져 자칫 잘못하다간 좋은 향미를 덮어버릴 수 있거든요. 때문에 생두 속 수분이 대부분 날아간 이후 강한 열을 가하거나, 콩의 겉면만 익을 정도로 전도열에만 집중하게 된다면 균일하게 로스팅된 원두를 얻지 못할뿐더러 탄 맛만 가득해 맛 없는 원두가 될 수 있으니 조심하세요!

41 핸드픽에 대해서 알아봐요

#핸드픽 #선 핸드픽 #후 핸드픽 #결점두

앞에서 언급했듯이 생두를 로스팅 하기 전에 잘못된 생두를 골라내는 작업을 핸드픽Handpick이라고 합니다. 문제가 있어 잘못된 생두를 결점두라고 해요. 결점두는 커피에서 안좋은 맛과 향을 내기 때문에 반드시 핸드픽 과정에서 골라주어야 합니다.

핸드픽은 로스팅 전에 시행하는 선先 핸드픽과 로스팅이 끝나고 시행하는 후後 핸드픽으로 나뉘어요. 결점두는 로스팅하기 전에 발견되기도 하지만 보통 지나치게 색이 갈색 또는 푸른색을 띠거나 가운데가 비어 있는 형태의 생두 등은 로스팅 후에 발견하기 쉬워요.

핸드픽을 하는 방법은 생두를 하나하나 살펴보면서 결점두를 골라내는 거예요. 정상 생두는 균일하게 푸른색을 띠고 균등한 크기를 가지고 있지만 결점두는 모양이 이상하거나 색이 다르거나 변질된 것처럼 보여요. 핸드픽 과정에서 이러한 생두를 골라내면 됩니다.

이물질이 섞이는 경우도 있어요. 작업 중에 들어간 나뭇가지나 껍질 같은 게 보이면 반드시 골라내야 해요. 만일 나뭇가지가 들어간 상태에서 로스팅을 하면 화재가 일어날 수 있고 발열로 인해 다른 생두에 영향을 끼치기 때문이에요. 딱딱한 이물질을 걸러내지 않은 상태에서 그라인딩하면 그라인더를 망가트릴 수도 있고요.

결점두 한 알로도 커피에 부정적인 맛이 강해질 수 있어요. 그만큼 핸드픽은 정말 중요한 작업입니다. 고급 커피를 원한다면 귀찮더라도 꼼꼼하게 핸드픽을 해주는 게 좋아요.

이렇듯 단순히 커피의 향미를 망치는 문제 외에도 다른 심각한 문제도 야기할 수 있으므로 핸드픽 과정을 가볍게 생각하지 말고 꼼꼼히 살펴보고 결점두를 잘 골라내도록 하세요.

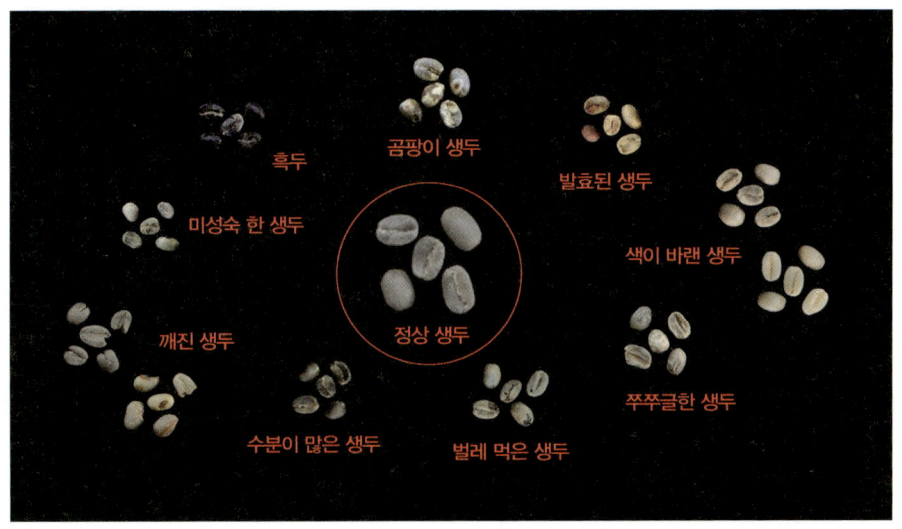

42
그라인더로 드립용 원두를 분쇄해봐요

#그라인딩 #그라인더 #분쇄 크기 #미분 #과소추출 #과다추출 #도징컵 #침칠봉

원두를 추출에 사용하려면 용도에 맞게 원두를 갈아야 합니다. 미리 그라인딩된 원두를 사용하기보다 통원두를 구매해서 그라인더로 직접 갈아 쓰는 이유는 보다 신선한 커피를 즐기기 위해서랍니다. 그라인딩된 원두를 구매하는 것은 신선한 커피를 마실 기회를 포기하는 거예요. 최상의 커피맛을 위해선 가급적 그라인딩되지 않은 원두를 준비하는 게 좋겠죠.

통원두를 준비했다면 원두를 갈아주는 그라인더를 준비해야 해요. 커피를 어떻게 뽑는가에 따라 그라인딩 방식이 달라지고 거기에 알맞은 그라인더도 필요하답니다. 여기서는 드립용 커피를 만드는 방식에 맞춰 소개할게요.

드립용 커피를 만들 경우 그라인더의 전체 분쇄 영역을 중심으로 보았을 때 중간 크기의 분쇄도가 필요해요. 에스프레소용처럼 아주 곱지도 않고 프렌치 프레스용처럼 너무 굵지도 않는 0.7~1.0mm 정도의 중간 크기예요. 사용하는 그라인더의 설명서를 참조하여 드립용 분쇄도 영역을 확인하세요.

분쇄 크기 못지 않게 중요한 것은 크기의 균일함이에요. 분쇄 크기가 균일하지 않았다면 어떤 입자는 크고 어떤 입자는 아주 작겠죠. 이러한 경우 입자가 큰 부분은 커피 성분이 덜 추출되는 과소추출되고 입자가 작은 부분은 커피 성분이 과하게 나오는 과다추출되어 커피의 맛이 일괄적이지 않게 된답니다. 균일하지 않게 분쇄되는 경우, 미세 커피 입자인 미분이 많이 생기는데 이 미분은 커피 추출 시 커피 필터에 흡착되어 추출을 방해해요. 그러므로 원두를 균일한 크기로 제대로 그라인딩할 수 있게 신뢰할 수 있는 기기를 선택하는 것이 좋습니다.

그라인더를 준비했다면 원두 분쇄 크기를 설정해야 해요. 핸드 그라인더의 분쇄도 조절링은 원두를 넣는 공간이나 원두가 나오는 공간에 있고 자동 그라인더의 조절링은 호퍼통이나 추출구 등의 위치에 링 형태로 있답니다. 설명서를 참조하여 조절링을 돌려 원두 분쇄 크기를 설정합니다. 원두 분쇄 크기를 조절할 때는 가급적 호퍼통 속을 비워낸 후 사용하고 되도록이면 그라인더 동작 중에 분쇄도를 한 단계씩 순서대로 조절해서 분쇄도를 맞추도록 합니다. 원두가 그라인더 날 사이에 끼어 있는 상태에서 억지로 분쇄도를 조절하면 기기가 고장날 수 있어요.

원두 분쇄 크기를 조절했다면 원두 투입구에 원두를 넣습니다. 상업용만큼 많은 양을 사용하려면 호퍼에 원두를 가득 채우기도 하지만 가정용이라면 그때그때 사용할 양만 그라인딩하는 것이 좋아요.

원두는 보통 한 잔에 최대 18~22g 정도 사용해요. 전자 저울로 무게를 확인하며 분량에 맞춰 원두를 덜어내요. 원두를 그라인더에 넣고 원두 파우더를 담을 도징컵을 토출구 밑에 둡니다.

가정용에서 커피를 추출할 경우에는 그날 사용할 만큼만 원두를 덜어서 그라인딩하는 것이 좋습니다. 많은 원두를 며칠 동안 호퍼에 담아 두면 원두가 산화되어 맛이 없어지기 때문입니다.

호퍼통에 원두를 가득 채워두고 사용하는 경우에는 그라인딩된 원두 파우더 양을 측정하면 됩니다. 그라인더 토출구 밑에 저울과 커피 파우더를 담을 통을 올려놓고 저울은 영점에 맞춥니다. 그라인딩을 시작하면 저울의 무게값을 확인하면서 양을 맞추세요.

커피머신에 그라인더가 내장되어 있는 경우 커피 추출시 열이 발생하여 호퍼에 있는 원두에 영향을 끼칠 수 있습니다. 그라인더 내장형 커피머신을 이용할 경우에는 호퍼에 많은 원두를 담지 않도록 합니다.

이 방법이 번거롭다면 그라인딩 시간으로 원두 양을 측정할 수 있어요. 정확하지는 않지만 빠르게 원하는 양을 그라인딩 할 수 있다는 장점을 가지고 있답니다.

먼저 그라인더 토출구 밑에 저울과 커피 파우더를 담을 통을 올려놓고 저울은 영점에 맞춥니다. 시간을 잴 타이머도 준비해 두세요. 타이머와 저울이 함께 있는 제품을 사용하면 편리하답니다. 그라인딩을 시작하면 타이머를 켜고 저울에 측정되는 원두 파우더 양을 확인하세요. 원하는 원두 파우더의 양이 될 때의 시간을 측정하세요. 다음 작업부터는 저울 없이 측정한 시간대로 그라인딩하면 대략적인 양을 맞출 수 있답니다. 단, 원두의 상태와 작업 환경에 따라 이 방법은 오차가 발생할 수밖에 없어요. 균일한 추출과 커피 맛을 원하는 분은 저울로 정확한 무게를 재서 사용하는 것을 추천해요.

전문가용 그라인더에는 타이머와 전자 저울 기능이 내장되어 있거나 원두량을 측정하는 장치가 있어서 원하는 원두량만 뽑을 수 있어요. 이 경우에도 오차가 발생하므로 추출된 원두 파우더를 저울로 재서 정확하게 추출되었는지 확인합니다. 부족하면 원두 파우더를 더 담고 과추출됐다면 덜어내세요. 무조건 많은 양을 담는다고 커피맛이 좋아지는 건 아니니까 너무 아까워하지 말자고요.

그라인딩하는 과정을 살펴보았어요. 보편적인 그라인더를 기준으로 설명했기 때문에 각 그라인더 기기의 자세한 사항은 제품 설명서를 참조해서 세팅하세요. 분쇄도도 설명서에서 제시하는 기본값으로 설정해서 뽑아보고 제대로 커피가 추출되지 않으면 분쇄 크기를 조금씩 변경해가면서 내가 원하는 커피에 알맞은 원두의 분쇄량과 분쇄 크기를 얻어 내세요. 전문 바리스타들도 적정 분쇄 크기를 맞추는 데 많은 시간을 할애할 정도로 많은 노력을 들여요. 한 번의 시도로 제대로 된 커피를 뽑겠다는 생각은 조급함만 줄 뿐 별로 도움이 되지 않아요. 하나하나 체크하면서 적정값을 찾는다는 여유로운 마음가짐이 필요하답니다.

43 클레버 드리퍼로 커피를 추출해봐요

#클레버 드리퍼 #리브 #린싱 #푸어 오버

| 클래버 드리퍼 구조

드립 커피는 커피 추출 방식을 지정하는 다양한 종류의 드리퍼 Dripper가 있어요. 어떤 드리퍼를 사용했는가에 따라 커피의 맛과 향도 달라진답니다. 그러므로 드립 커피를 사용하려면 제일 먼저 어떤 드리퍼를 사용할지 선택해야 해요. 어떤 드리퍼를 선택했는가에 따라 추출 방법도 달라지기 때문이지요. 여기서는 먼저 클레버 드리퍼에 대해서 알아볼게요.

> 클레버 드리퍼는 커피 원두를 물을 담근 후 뽑아내는 침출 방식입니다.

클레버 드리퍼Clever dripper는 대만의 ABIO가 개발한 드리퍼 기구예요. 모양을 살펴보면 입구는 동그랗지만 밑으로 내려갈수록 납작한 구조를 가지고 있으며 드리퍼 안에는 직선 홈이 파여있어 물이 빠르게 흐르도록 되어 있어요. 이처럼 안쪽에 있는 홈을 리브라고 해요. 리브Rib의 형태에 따라 물의 흐름을 조

절할 수 있답니다.

이 드리퍼의 또 다른 특징은 다른 드리퍼와 다르게 추출구에 밸브가 있다는 점이에요. 그래서 드리퍼를 바닥에 두면 밸브가 잠겨 드리퍼 안에 물을 부어도 물이 내려가지 않다가 드리퍼를 서버에 올리면 비로소 밸브가 열려 물이 내려갑니다. 클레버 드리퍼는 이 구조를 이용하여 원두 파우더를 물에 어느 정도 시간 동안 침출시키고 시간이 지나면 밸브를 열어 추출물만 뽑아내는 방식입니다.

그럼 클레버 드리퍼는 어떻게 사용하는지 자세하게 알아볼까요. 먼저 1컵을 기준으로 거칠게 간 원두 18g을 준비합니다. 설탕보다 조금 굵은 정도의 크기로 다른 핸드드립용보다는 작은 크기의 분쇄도가 필요해요. 전자 저울에 접시를 올려놓고 제로셋을 한 후 원두 약 18g을 맞추어서 원두를 준비합니다.

저울의 전원을 켜기 전에 저울 위에 물체를 올리고 전원을 켜면 물체 무게를 포함해서 0으로 세팅됩니다. 전원을 켠 상태에서 물체를 올리면 물체 무게가 측정되는데 물체 무게를 포함해서 0으로 세팅하고 싶다면 [T(Tare)] 버튼을 누르면 됩니다. 이와 같이 강제로 0으로 세팅하는 것을 제로셋이라고 합니다.

그 다음은 드립용 주전자인 드립포트에 300g의 물을 준비합니다. 드립에 사용하는 온도는 92~94도 정도이므로 물이 끓으면 불을 끄고 뚜껑을 열고 약 1분 정도 방치하면 대략 비슷한 온도를 맞출 수 있답니다.

다음은 드리퍼에 사용할 종이 필터를 준비합니다. 클레버 드리퍼는 바닥이 납작한 클레버 또는 칼리타용 필터를 사용해요.

| 종이 필터 끼우는 방법. https://prima-coffee.com

필터를 살펴보면 옆과 끝부분에 압착된 주름진 부분이 있는데 이 부분을 접은 후 드리퍼에 끼웁니다.

그런 다음 뜨거운 물로 종이필터를 충분히 적십니다. 뜨거운 물에 종이를 적셔 종이 속 성분을 물로 헹구려는 목적이에요. 이를 린싱Rinsing이라고 합니다. 린싱 작업 후 서버에 올려서 밸브가 열리게 하여 걸러진 물은 버립니다.

| 린싱 작업. https://prima-coffee.com

드리퍼를 서버에서 뺀 후 물의 양을 맞추기 위해 드리퍼를 전자 저울에 올려 놓고 준비된 원두를 넣은 후 저울을 제로셋 해둡니다. 저울의 무게를 확인하면서 드립포트를 이용하여 물 200g을 드리퍼에 붓습니다. 그런 다음 스푼으로 서서히 저어주면서 약 2분 30초간 우려냅니다.

커피를 추출할 때 식는 걸 방지하기 위해서 드리퍼 위에 뚜껑을 덮어 놓기도 해요.

| 드립 방법. https://prima-coffee.com

시간이 되었으면 드리퍼를 올려놓을 때 사용하는 서버에 드리퍼를 올려두세요. 밸브가 열리면서 추출이 시작됩니다. 정상적으로 추출되면 약 1분간 추출이 시작될 거예요. 만일 더 오래 걸린다면 원두 굵기가 너무 고운 것이고 짧게 걸린다면 원두 굵기가 거친 것이니 원두 분쇄도를 적절히 조절해가며 알맞은 커피가 나오도록 맞춰 줍니다.

드립 커피인 경우 커피 맛으로 추출 상태를 확인할 수 있습니다. 커피 맛이 쓰고 텁텁하다면 과다추출이므로 원두를 좀 더 굵게 갈고 커피 맛이 너무 시다면 과소추출이므로 원두를 더 곱게 갈아서 추출합니다.

| 추출하는 장면. https://prima-coffee.com

클레버는 다른 드립에 비해 사용하기 편리하다는 장점을 가지고 있어요. 그리고 이 방식은 물로 침출하는 핸드드립이지만 원두 파우더가 물에 잠기도록 하여 추출하는 푸어 오버Pour over 형식을 가지고 있어요. 그래서 다른 핸드드립에 비해 무겁고 묵직한 단맛과 향이 특징이랍니다.

44
하리오 드리퍼로 커피를 추출해봐요

#하리오 드리퍼

| 하리오 드리퍼 구조

하리오 드리퍼 Hario dripper는 일본 하리오사에서 제작한 드리퍼로 정확한 명칭은 하리오 V60이랍니다. 모양을 살펴보면 다른 드리퍼에 비해 추출구가 매우 크고 60도로 경사가 있어 추출 속도가 매우 빠른 것이 특징이에요. 이러한 기울기는 오래 침출할 때 원두의 미분이 필터에 끼는 문제를 줄여주고 커피의 과다추출이 발생할 우려를 덜어주는 등 추출을 방해하는 요소를 최소화해줍니다. 덕분에 향을 살리기 좋고 커피의 단맛을 잡는 데 유용해요. 드리퍼 안쪽의 리브를 보면 홈이 나선형으로 파여 있는데 이는 물이 접하는 시간을 길게 만들어 추출을 용이하게 만들어 줍니다.

전문 커피숍에서 스페셜티 커피를 브루잉 커피로 추출하는 경우가 많습니다. 이때 주로 사용하는 드리퍼가 하리오입니다.

하리오 드리퍼는 원두가 가지고 있는 산뜻한 향과 좋은 산미를 살리기 좋은 드리퍼라서 전문 커피숍에서 스페셜티 커피 추출에 많이 사용합니다.

추출을 위해 먼저 원두를 준비합니다. 드립 저울을 이용하여 거칠게 간 원두 20g을 준비하고 드립포트에 300g의 물을 준비하세요. 드립에 사용하는 온도는 클레버 드리퍼와 비슷한 92~94도 정도 맞추세요.

> 드립에 사용하는 온도는 정확히 몇 도라고 정하기 어려워요. 사용 환경과 원두에 따라 다르기 때문이에요. 보통 물의 끓는점인 100도보다 낮은 온도에서 주로 사용합니다. 여러가지 조건으로 시도해 보면서 적당한 온도를 찾도록 합니다.

준비가 되었으면 종이 필터를 준비합니다. 하리오 드리퍼에 사용하는 종이 필터는 브이 형태의 하리오용 필터를 사용합니다. 옆면의 주름진 부분을 접은 후 드리퍼에 끼운 후 서버에 올려 놓고 린싱 작업을 합니다. 린싱 작업 후 서버에 걸러진 물은 버리고 다시 서버에 올려놓도록 합니다.

| 종이 필터를 끼우고 린싱 작업. https://global.hario.com

드리퍼에 원두를 넣고 정확한 물의 양을 맞추기 위해 드리퍼를 올려 놓은 서버를 드립 저울에 올려놓은 후 영점으로 맞춰둡니다. 준비가 되었으면 드립포트로 원두를 중심으로 원을 그리면서 물을 40g 정도 붓습니다. 이 작업을 뜸들이는 작업이라고 해요. 뜸들이기 작업에서 물은 일반적으로 원두 무게의 약 두 배 정도 양을 넣습니다. 원두에 물이 닿으면 거품이 일어나면서 부풀어 오는 것을 볼 수 있어요.

약 30초 정도 기다린 다음 같은 방법으로 원을 그리면서

| 커피 넣고 물 붓기. https://global.hario.com

100g의 물을 붓습니다. 적정량이 추출되기까지 약 30초 정도 기다린 후 다시 100g의 물을 부어주고 이 동작을 한 번 더 반복하여 총 340g의 물을 부어주면 됩니다. 총 물을 붓는 시간은 약 2분 정도 소요되며 추출 시간은 3분이 넘지 않을 거예요. 만일 3분이 넘었다면 원두량이 많거나 분쇄도를 너무 곱게 설정한 거예요. 다음에는 좀 더 거칠게 갈면 되고요. 너무 빨리 추출되었다면 좀 더 곱게 갈아주세요.

커피 추출이 너무 빠르면 커피의 향이 부족하게 되고 과소추출의 원인이 됩니다. 반대로 추출이 너무 느리면 향이 너무 과해 부정적인 향이 나고 과다추출의 원인이 되므로 원두 굵기와 물의 양을 조절하여 적정 추출이 되도록 맞춥니다.

하리오는 리브가 상대적으로 더 길어 다른 드리퍼에 비해 추출이 빠른 편이에요. 그래서 푸어 오버 추출 방식이 잘 어울리고 초보자가 접근하기 쉬운 드리퍼예요. 또한 커피의 과다추출이 적어 무거운 맛보다 산뜻한 맛과 향이 일품이며 신맛을 살리고 가벼운 맛을 주는 매력을 가지고 있어요.

45 칼리타 드리퍼로 커피를 추출해봐요

#칼리타 드리퍼 #칼리타 웨이브 드리퍼

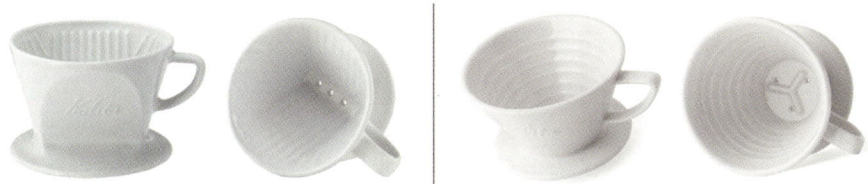

| 칼리타 드리퍼와 칼리타 웨이브 드리퍼 구조

칼리타 드리퍼는 클레버 드리퍼처럼 위에는 원형의 모양을 가지고 있지만 밑으로 갈수록 납작해지는 구조를 가지고 있는 드리퍼예요. 칼리타의 가장 큰 특징은 추출구에 있어요. 하리오 드리퍼가 큰 구멍으로 되어 있다면 칼리타는 작은 3개의 구멍으로 뚫려 있어서 하리오보다 원두가 물에 닿는 시간이 길기 때문에 커피의 높은 바디감과 무게감 있는 깊은 맛을 끌어내기에 좋답니다.

칼리타 드리퍼에서 조금 변형된 칼리타 웨이브 드리퍼도 있는데 이 제품은 하리오 드리퍼처럼 밑부분이 납작하지 않고 원형 구조예요. 그렇지만 밑에는 칼리타 드리퍼처럼 3개의 구멍이 원을 중심으로 뚫려 있어요.

칼리타 드리퍼로 커피를 추출하기 위해서 드립 저울을 사용하여 거칠게 간 원두 18~20g을 준비하고 드립포트에 약 92~94도의 뜨거운 물 300~400g을 준비합니다.

준비가 되었으면 먼저 종이 필터를 준비하세요. 칼리타 드리퍼는 앞에서 알아본 클레버와 같은 바닥이 납작한 클레버 또는 칼리타용 필터를 사용해요. 필터를 살펴보면 옆과 끝부분에 압착된 주름진 부분이 있는데 이 부분을 접은 후 드리퍼에 끼웁니다. 칼리타 웨이브 드리퍼를 사용하는 경우에는 주름이 있는 칼리타 웨이브 종이 필터를 사용해야 해요.

| 칼리타 필터와 칼리타 웨이브 필터

칼리타 드리퍼도 하리오 또는 클레버 드리퍼와 마찬가지로 린싱 작업을 해주면 좋아요. 뜨거운 물을 종이 필터에 적셔두어 필터가 드리퍼에 고정되도록 하면 된답니다.

준비가 되었으면 드리퍼에 원두를 넣고 투입될 물의 양을 맞추기 위해 드리퍼를 올려 놓은 서버를 드립저울에 올려놓은 후 제로셋 해둡니다. 먼저 물 40g을 붓고 약 40초간 뜸을 들입니다.

물을 부을 때 종이 필터에 물이 닿지 않도록 하고 안에서 바깥쪽으로 원을 그리면서 붓고 다시 바깥쪽에서 안으로 그리면서 부어주세요. 물이 빠지면 바로 물 50g을 붓도록 합니다. 같은 방법으로 총 250~300g이 되도록 추출해서 완성합니다.

| 칼리타 추출

칼리타는 추출 속도가 빠르지도 느리지 않으면서 안정적인 맛을 뽑아 낼 수 있고 다양한 맛을 끌어내는 데 적합한 매력적인 드리퍼예요. 그리고 투명 드리퍼를 사용할 경우 물의 흐름을 육안으로 관찰할 수 있어서 초보자들이 드립을 배우기 위해 사용하는 드리퍼이기도 하죠. 오늘날에는 하리오, 클레버의 푸어오버 방식이 대중화되어있지만 칼리타는 예전부터 이어온 역사가 깊기 때문에 가장 널리 쓰이고 있는 드리퍼예요.

칼리타의 안쪽으로 보면 리브가 직선으로 되어 있는데 각 면의 길이가 다른 것을 볼 수 있을 거예요. 그만큼 물이 흘러가는 속도가 다르고 밑에 뚫려 있는 구멍도 작아 밑에 물이 고일 수 있답니다. 하리오 드리퍼에 비해 추출이 천천히 이루어지기 때문에 지나치게 추출 시간이 길어지지 않도록 주의합니다.

원하는 추출 시간보다 길어지면 의도한 맛 외에 잡미가 생성되어 복합적인 맛이 더해지는데 특히 쓴맛 등 부정적이고 강한 맛 때문에 긍정적인 맛이 가려집니다. 드립은 누구나 할 수는 있어도 잘 하기 어려운 이유가 여기에 있답니다.

바리스타 Talk

추천 커피숍

우리나라에서 한 번쯤은 가 볼만한 커피숍들을 소개합니다.

프릳츠 https://fritz.co.kr
모모스 커피 https://www.momos.co.kr
커피리브레 https://coffeelibre.kr
나무사이로 https://namusairo.com
헬카페 http://hellcafe.co.kr
펠트 https://feltcoffee.com
테라로사 https://terarosa.com
센터커피 https://centercoffee.co.kr
180커피로스터스 https://www.180coffee.com
디폴트벨류 https://smartstore.naver.com/defaultvalue

46 고노 드리퍼로 커피를 추출해봐요

#고노 드리퍼 #점드립

| 고노 드리퍼

고노Kono는 하리오 드리퍼와 비슷하게 생긴 드리퍼예요. 외형은 비슷한데 드리퍼 안쪽의 리브 형태가 달라요. 하리오가 긴 리브를 가지고 있다면 고노는 짧은 직선 형태의 리브를 가지고 있어 하리오보다 추출 시간이 긴 드리퍼예요.

그래서 고노 드리퍼 추출법은 물줄기로 붓는 것이 아니라 물방울을 떨어뜨리듯이 붓는 점드립 방식을 이용합니다. 추출 시간도 길 뿐만 아니라 집중해서 한땀 한땀 정성을 다해 추출하는 방식이라 초보자들이 접근하기 어려운 고난도 추출 방식이에요.

준비 방법은 하리오 드리퍼와 동일해요. 모든 준비를 했다면 물붓기를 시행합니다. 물붓기는 크게 3단계로 나누어서 시행합니다. 처음에는 원두 파우더 가운데를 향해 1초에 한 방울씩 쉬지 않고 떨어뜨립니다. 그러면 원두 파우더가 점점 물을 머금고 밑으로 스며들어요. 원두 파우더 가장자리에는 전혀 적셔지지 않은 것처럼 보이겠지만 안에는 서서히 적셔지고 있답니다. 앞에서와 동일한 속도로 점드립을 시행합니다. 그러다 보면 스며든 커피 추출물이 리브의 줄기에 따라 밑으로 추출됩니다.

밑으로 커피가 추출되면 이번에는 좀 짧은 형태의 물줄기 붓기 방식으로 물을 붓습니다. 역시 가운데를 중심으로 원을 그리듯 붓다가 멈추면 됩니다. 그러면 물을 머금은 원두 파우더가 거품이 일어나다가 가라앉는데 가라앉을 때가 되면 다시 반복해서 물 붓기를 실행합니다. 이 과정이 2단계 물 붓기입니다.

푸어 오버 방식의 추출시에는 굵은 물줄기로 빠른 시간에 물을 부어 드리퍼를 가득 채워주는 게 중요합니다. 고노와 하리오 같은 드리퍼는 드리퍼 아래 구멍이 넓어 상대적으로 추출 시간이 짧고 물빠짐이 빨라요. 이러한 모양의 드리퍼에 물을 천천히 부었을 때는 커피와 물이 닿는 시간이 충분하지 않기 때문에 추출이 정상적으로 이루어지지 않고 밍밍한 과소추출로 이어지기 쉽습니다. 때문에 빠른 시간 안에 물을 부어 커피와 물이 닿는 시간을 늘려주는 게 중요해요.

2단계 물 붓기를 시행하다가 어느 정도 커피가 추출되었으면 마지막으로 굵은 물줄기를 유지하여 드리퍼에 가득 채우도록 합니다. 커피 추출량에 도달하면 드리퍼를 빼내어 추출을 중지합니다. 이렇게 3단계로 추출하다 보니 각 단계별 추출에 따라 나오는 맛이 달라 각각 층을 이루고 있을 수 있으니 스푼으로 잘 휘저어서 섞어주도록 합니다.

고노 드리퍼는 오랫동안 점드립을 해야 하므로 물을 붓기 전에 안정적인 자세를 취해야 하는 것이 무엇보다 중요해요. 다리는 안정적인 보폭으로 고정하고 드립포트를 잡지 않은 손은 바닥에 잘 고정해서 몸이 최대한 흔들리지 않게 잡아주면 훨씬 안정적으로 물 붓기를 할 수 있어요. 하지만 추천한 방법 외에도 반대편 손으로 포트 아래 부분을 받치는 방식인 양손으로 잡는 방법, 손으로 바닥을 짚지 않고 드리퍼를 잡고 있는 방법 등 여러 방법이 있으니 다양하게 시도해 보고 나에게 편한 자세를 찾아 보세요.

또한 점드립은 물줄기가 나오는 드립포트 끝에 토출구 부분의 생김새가 중요해요. 너무 넓지 않고 좁을수록 점드립 방식처럼 방울방울 떨어뜨리는 데에는 유리하나, 한 번에 많은 양을 붓는 추출 후반부에서는 불리할 수 있으므로 너무 좁지 않고 적당한 크기의 토출구 모양이 좋아요. 만약 물줄기를 조절하는 게 너무 어렵다면 포트를 약 45도로 기울여서 부어 보세요. 비교적 물이 한 번에 쏟아져 나오질 않아 붓는 데 한층 수월함을 느낄 거예요.

드립포트를 구매할 때는 비용이 들더라도 물을 가열하는 기능과 온도 유지 기능이 있는 전자 드립포트를 선택하는 걸 추천해요. 온수 포트와 드립포트를 따로 사용하면 번거로움은 물론이고 물을 옮겨 담는 중에 온도가 손실될 수 있어요. 전자 드립포트를 쓰면 이러한 단점을 극복할 수 있죠. 나아가 내장 스크린에 현재 온도가 몇 도인지 표시하는 기능이 있다면 더 좋겠죠? 추천 제품으로는 펠로우 스태그 EKG, 브뤼스타 등이 있습니다.

고노는 하리오와 비슷하게 생겼지만 맛은 큰 차이가 있어요.

하리오가 산뜻하고 깔끔한 맛이라면 고노는 진한 커피의 향과 맛을 즐길 수 있도록 해줍니다. 특히 1단계 물 붓기를 길게 가져갈수록 더 진한 커피를 만들 수 있고 1단계에 비해 2~3단계를 길게 가져갈수록 연한 커피를 만들 수 있어요. 이처럼 드립을 어떻게 하는가에 따라 다양한 커피를 만들 수 있는 것이 고노 드리퍼의 특징이라고 할 수 있죠. 다른 드리퍼에 비해 정성이 많이 필요한 만큼 추출된 커피에서 느껴지는 깊은 맛이 매력이랍니다.

47 에스프레소 커피 추출에 필요한 장비 알아봐요

#우유 거품기 #커피머신 스팀기 #샷잔 #온스 #1샷 #라테 잔 #카푸치노 잔 #커피 시럽 #도징 용품

에스프레소Espresso는 곱게 간 원두 파우더를 뜨거운 물을 고압으로 추출해서 만든 커피를 말해요. 다른 커피와 다르게 고압을 이용하기 때문에 고압을 만들 수 있는 장치를 비롯하여 여러 가지 필요한 용품이 많답니다. 에스프레소를 추출하기 전에 필요한 준비물은 어떤 것들이 있는지 알아볼게요.

에스프레소 추출 커피머신

뜨거운 물과 고압으로 커피를 추출할 수 있도록 해주는 기기로 원두를 그라인딩부터 커피 추출까지 한 번에 해주는 전자동 커피머신과 그라인딩된 원두를 넣으면 추출만 해주는 반자동 커피머신이 있어요. 커피머신만큼 압력이 강하지는 않지만 간단하게 에스프레소 커피를 만들어주는 모카포트도 있어요.

브레빌 BES880모델처럼 그라인딩과 추출기가 따로 구성되어 있는 기기도 있습니다. 이 기기는 그라인더 홀더에 포타필터를 끼우고 분쇄된 원두를 받은 후 원두가 담긴 포타필터를 그룹헤드에 장착해서 커피를 추출합니다. 전자동 머신이 그라인더와 추출기가 연결되어있는 반면에 이 기기는 따로 동작하여 기기의 발열의 간섭을 덜 받는 것이 특징입니다.

| 모카포트, 전자동 커피머신, 반자동 커피머신

우유와 거품기

카페 라테, 캐러멜 마키아토, 카푸치노, 카페모카 등의 커피를 만들 때 우유 거품이 필요해요. 거품 우유를 만들려면 우유를 끓인 후 펌핑기를 이용하여 우유를 펌핑하여 거품을 만듭니다. 거품기는 손으로 직접 펌핑하는 방식과 전동을 이용하여 거품을 내는 방식으로 나눌 수 있어요. 프렌치 프레스가 있다면 이 기기를 이용해서 거품 우유를 만들 수도 있어요.

전자동 또는 반자동 커피머신을 사용한다면 기기에 달려있는 스팀기로 거품 우유를 만들 수 있어요. 스팀기를 동작시키면 노즐을 통해 고온고압의 스팀이 나오는데 이것을 이용해 우유 속으로 뜨거운 김을 채워 넣으면 우유를 데워주고 우유 거품도 만들어 준답니다.

그런데 아쉽게도 보급형 커피머신은 스팀 기능이 약하고 지속력도 길지 않아요. 그래서 제대로된 거품 우유를 만들기는 어렵습니다. 그러므로 내 커피머신의 스팀 기능을 체크해보고 스팀이 약하다면 머신의 스팀기로는 우유의 온도를 올리는 용도

| 수동 거품기, 전동 거품기, 프렌치 프레스, 일리 우유거품기, 커피머신의 스팀

로 쓰고 별도의 거품기를 장만해 우유 거품을 만드는 것이 좋아요.

라테를 많이 만든다면 전용 우유 거품기를 사용하는 것도 좋은 방법이에요. 이 제품은 주전자 모양으로 생겼는데 포트 안에 우유를 붓고 동작시키면 자동으로 우유를 데우고 거품을 만들어 주는 편리한 제품입니다.

전자 저울

전자 저울은 커피 추출할 때 반드시 필요한 용품입니다. 그라인딩할 때 원두의 양이나 분쇄된 원두 파우더의 양을 측정하거나 커피 추출물의 양을 재는 등 활용도가 높거든요. 전자 저울은 커피용으로 작은 제품을 구매하는 것이 좋습니다. 포타필터에 커피 파우더를 담아서 무게를 재는 경우 포타필터를 올릴 정도의 크기는 되어야 겠지요. 그리고 소수점 자리까지 측정 가능해야 하며, 용기를 올리고 무게를 0으로 지정할 수 있는 [TARE] 기능도 지원해야 합니다. 가능하면 방수 제품을 선택하세요. 물기가 액정에 스며들어 고장날 수 있기 때문이에요.

전자 저울의 가격은 만 원 때부터 몇 십 만원까지 제품들까지 가격대가 다양합니다. 고급형은 아주 작은 변화까지도 측정해주고 내구성이 우수합니다. 전자 저울은 한 번 구매하면 오랫동안 사용하는 제품이므로 조금 비싸더라도 신뢰도 있는 제품을 구매하는 것도 좋은 방법입니다.

샷잔

에스프레소는 커피 추출물이 아주 진하고 추출량은 적어요. 추출량을 확인할 때는 저울로 무게를 재는 것이 제일 좋지만, 샷잔이라는 컵에 담아 대략적인 양을 측정하기도 해요. 샷잔은 스테인레스 재질로 되어 있는 불투명한 것도 있고 유리 재질로 되어 있는 투명한 것도 있어요. 가능한 추출량을 확인할 수 있게끔 계량 눈금이 표시되어 있고 투명한 재질로 만들어진 잔을 선택하는 것이 좋아요. 그리고 커피 추출물이 양쪽으로 나오는 더블 스파웃의 포타필터를 쓰는 경우 양쪽에 각각 샷잔을 사용하면 문제가 없지만 하나의 샷잔으로 받는다면 샷잔의 지름이 넓은 것을 선택합니다. 지름이 좁다면 양쪽으로 나오는 추출물을 한 번에 받지 못하거든요.

샷잔의 계량 눈금은 정확하지 않아요. 참고용으로만 사용하세요.

| 더블 스파웃으로 한 샷과 투 샷을 받는 경우

이번에는 샷잔의 용량에 대해서 알아볼게요. 샷잔의 용량은 3온스(약 90mL), 5온스(약 150mL), 8온스(약 240mL) 등 다양해요. 그중에서 보통 3온스 사이즈를 많이 사용합니다. 과거에는 마치 추출량이 정해져 있는 것처럼 원두의 종류와 배전도에 상관없이 고정된 추출량을 지정했다면, 요즘에는 각 원두의 특

| 다양한 종류의 샷잔

성에 따라 추출량을 다르게 지정하는 추세랍니다. 일반적으로 30~60mL를 추출하지만 1샷의 추출량을 정확히 지정하기는 현실적으로 어려워요. 보통은 추출량보다 투입된 원두의 양을 기준으로 원샷(7~10g), 더블샷(14~20g), 트리플샷(21g 이상)으로 나눕니다.

다시 정리하면 자동이나 반자동 커피머신으로 에스프레소를 추출하는 경우 가능한 샷잔을 이용하도록 합니다. 특별한 경우가 아니라면 3온스 사이즈에 눈금이 표시 되어있는 투명한 재질의 샷잔을 준비하면 됩니다.

커피 잔

커피를 담는 잔도 종류가 다양해요. 커피의 종류에 따라 사이즈가 다르거든요. 양이 적은 에스프레소 커피라면 50mL~80mL 정도를 담을 수 있는 에스프레소 전용 잔을 사용해요. 이 잔을 실제로 보면 두께가 두꺼운 것을 알 수 있습니다. 두께가 두꺼울수록 예열된 잔의 온도가 천천히 떨어지기 때문에 커피가 식

크레마가 있는 커피를 마실 때는 커피 스푼을 준비하는 것도 좋습니다. 크레마의 맛이 강하기 때문에 균형감이 있는 맛을 즐기기 위해서 커피를 휘저을 수 있는 스푼이 있으면 좋습니다.

| 에스프레소 잔, 머그잔, 카푸치노 잔, 라테 잔, 글라스

는 속도를 늦출 수 있어요.

아메리카노에는 250mL 이상을 담을 수 있는 머그잔이나 일반적인 크기의 커피잔을 사용한답니다. 커피 전문점에서는 13온스의 컵에 약 350mL을 담는 것을 기본으로 판매하고 있으며 작은 잔은 8온스 컵의 200mL 정도이고 좀 더 큰 용량은 16온스의 440mL나 20온스의 550mL에 육박하는 용량을 판매하기도 합니다. 아이스 커피는 얼음과 음료를 볼 수 있는 투명 글라스 잔을 이용하는 것이 좋고요. 자신이 선호하는 용량에 알맞은 컵을 준비하면 됩니다.

브루잉 커피를 마실 때는 250~350ml 크기의 머그잔을 이용하는 것이 좋습니다.

카페 라테, 캐러멜 마키아토, 카페모카처럼 우유 거품을 사용하는 종류의 커피에는 300mL 정도를 담을 수 있는 폭이 넓은 라테 잔을 이용하고 카푸치노는 180~200mL 정도의 잔을 사용합니다. 라테 잔은 카푸치노보다 크고 라테 아트를 할 수 있을 만큼 폭이 넓답니다.

커피 시럽

커피에 사용하는 다양한 시럽이 있습니다. 바닐라 라테를 만들 때는 바닐라 시럽이, 카페모카에는 초콜릿 소스 또는 시럽 등이 필요합니다. 카푸치노를 만들 때는 취향에 따라 시나몬 가루도 필요하고요. 온라인 쇼핑몰에서 해당 이름을

| 다양한 시럽과 시나몬 가루

검색하면 커피용 제품들을 구매할 수 있답니다.

어떤 카페에서는 진한 커피에 각설탕이 따로 나오는 경우가 있습니다. 각설탕을 넣어 마시면 커피의 강한 쓴맛이나 신맛을 중화하는 역할을 합니다. 그러므로 부드러운 커피를 즐기려면 각설탕도 준비하는 것도 좋은 방법입니다.

도징 용품

반자동 커피머신을 이용하는 경우 그라인딩된 원두 파우더를 포타필터에 담고 다지기 위한 용품들이 필요해요. 원두 파우더를 덜어 내고 포타필터에 담을 때 유용한 도징컵이라든지, 포타필터에 담은 원두 파우더를 골고루 평탄화하고 다져주는 디스트리뷰터와 탬퍼 용품이 필요해요.

특히 탬퍼는 반드시 준비해야 하는 용품입니다. 반자동 커피머신을 구매하면 플라스틱 재질로 만들어진 탬퍼 대용품이 제공되기는 하지만 가능하면 제대로 된 탬퍼를 구매해서 사용하도록 합니다. 모든 용품은 현재 갖고 있는 포타필터 크기에 맞춰야 합니다.

| 도징컵, 디스트리뷰터, 탬퍼

48
모카포트로
에스프레소 커피 추출해봐요

#모카포트

모카포트는 가장 저렴한 비용으로 에스프레소를 뽑아주는 용품 중 하나예요. 모카포트는 용량에 따라 종류가 나뉘므로 주로 사용하는 인원수에 맞추어서 모카포트를 구매하면 됩니다.

상단 포트
바스켓
하단 포트

모카포트를 살펴보면 상단과 하단 포트가 결합하여 있는 것을 볼 수 있을 거예요. 모카포트의 상단 부분을 돌려서 빼보세요. 그러면 하단 부분 위에 바스켓이 보일 거예요.

먼저 바스켓을 뺀 후 하단 포트에 물을 넣으세요. 하단 포트 안을 보면 안전밸브가 있는 위치가 보일 거예요. 이 안전밸브에 물이 닿지 않을 정도로만 넣어 주세요. 물은 보통 찬물을 사용하지만 물이 끓기 전에 원두에 열이 전달되면 손실이 생길 수 있기 때문에 더 풍미를 좋게 하려면 뜨거운 물을 사용하는 것

| 물을 넣고 원두 파우더 담기

도 좋답니다.

  물을 담았으면 바스켓에 곱게 간 원두 파우더를 넣으세요. 이때 주의할 점은 원두를 바스켓 끝 선까지 가득 담아야 한다는 점이에요. 하단 포트를 가볍게 툭툭 치면서 원두 파우더의 뭉침을 풀어주고 골고루 퍼지도록 해줍니다. 원두를 꽉 누르지 않고 수평으로 고르게 펴주는 것이 중요합니다. 탬핑하듯이 꽉 누르면 밀집력이 과하게 높아져 커피가 추출되지 않을 수 있어요.

  상단 포트 밑바닥을 보면 하단 포트와 결합했을 때 내용물이 새지 않게 실리콘링이 끼워져 있어요. 링이 제대로 끼워졌는지 확인하고 상단 포트를 돌려서 꽉 껴주면 준비는 끝난 거예요.

  이제 레인지 위에 모카포트를 올려놓고 불을 켭니다. 가스레인지를 사용할 경우에는 삼발이로 모카포트를 받쳐 사용합니다. 인덕션이라면 인덕션용 모카포트를 써야 해요.

  불은 중불 정도로 맞추고 끓여주세요. 보글보글 물이 끓어서 '치칙' 소리가 나면 불을 꺼주세요. 모카포트는 전도율이 높은

| 포트를 결합하고 커피 추출하기

재질로 되어 있어서 불을 꺼도 잔열로 인해 계속해서 커피를 추출한답니다.

  상단 포트의 뚜껑을 열어 보세요. 커피가 추출된 것을 볼 수 있을 거예요. 가능한 빨리 커피를 따라주세요. 단, 이때 모카포트는 아주 뜨거운 상태니 화상에 조심하셔야 해요. 커피에 열이 오래 전달되면 커피의 향과 맛이 변하므로 잔에 곧바로 따라주는 것이 좋아요.

  생각보다 간단하죠. 맛은 에스프레소보다는 연하고 아메리카노보다는 진한 맛을 느낄 수 있어요. 그래서 아메리카노처럼 물을 첨가하지 않은 상태에서 바로 마시면 됩니다. 이탈리아에서 모카포트로 뽑은 커피에 설탕을 타거나 설탕에 커피를 조금 섞은 후 믹싱해서 만든 캐러멜 시럽을 섞어서 마시는 방법이 보편적이라고 합니다. 여러분도 한번 해보세요. 모카포트의 매력에 푹 빠질 거예요.

49
반자동 커피머신으로
에스프레소 커피 추출해 봐요

#에스프레소 추출 과정 #그루밍 #그램 단위 무게 측정 #프리 인퓨전 #과소추출 #과다추출

반자동 커피머신으로 커피 한 잔을 뽑기 위한 과정은 간단하지는 않아요. 생각보다 손도 많이 가고 최적의 커피를 추출하기 위한 연구도 해야 한답니다. 고가의 제품이라고 커피를 추출을 손쉽게 만들어주지도 않아요. 말 그대로 노력한 만큼 훌륭한 커피를 얻을 수 있는 기기죠.

여기서는 반자동 커피머신으로 커피를 추출하는 과정을 가장 보편적인 가정용 커피머신을 기준으로 살펴볼 거예요. 전문가형 커피머신은 조금 다를 수 있으니 자세한 부분은 설명서를 참조하면서 살펴보기 바랍니다.

커피를 추출하기 위해서 제일 먼저 커피머신의 전원 버튼을 눌러 전원을 켭니다. 그러면 램프가 깜빡거리는데 커피를 추출하기 위한 예열 작업이 시작됐음을 알리는 신호이고 잠시 후 깜빡임이 멈추면 예열이 끝났다는 신호예요. 예열 작업으로 커피 추출에 사용할 물을 데우고 그룹헤드도 따듯하게 만들어 줍니다. 이때 포타필터도 체결해서 포타필터도 함께 예열해 둡니

고급형 모델은 그룹헤드도 예열을 해주지만 보급형 커피머신은 대부분 그룹헤드를 예열해주는 기능이 없는 경우가 많습니다.

다. 그룹헤드와 포타필터가 차갑게 식었다면 커피 추출 초반부에 온도가 낮아져 원하는 온도에서 커피를 추출하는 것을 방해하기 때문이에요.

포타필터를 그룹헤드에 장착한 후 물 흘리기를 통해 뜨거운 물로 포타필터를 예열하거나 그룹헤드에 장착하기 전에 미리 포타필터를 뜨거운 물에 담가 예열을 해도 됩니다.

다음은 원두 파우더를 준비합니다. 원두의 양은 포타필터에 사용된 바스켓 크기마다 달라요. 설명서를 참조하여 적정량의 원두를 넣어야 합니다. 1샷은 7~10g, 2샷은 14~20g 정도 되는데 보통 사용하는 바스켓이 지원하는 정량을 채우면 됩니다. 그라인더에서 에스프레소용 분쇄 크기에 맞게 분쇄도를 설정합니다. 모든 에스프레소 기기의 분쇄 크기가 일괄적으로 동일하지는 않으므로 내가 사용하는 커피머신에게 알맞은 분쇄 크기를 찾아야 합니다. 우선 그라인더의 설명서를 참조하여 에스프레소용 적정 분쇄 크기로 설정합니다. 나중에 커피를 추출 후 제대로 추출되지 않으면 분쇄도 굵기를 조절하면서 최적의 분쇄 크기를 찾으면 됩니다. 그라인더에서 분쇄 크기를 설정한 후 전자 저울로 적정량의 원두를 덜어내어 그라인더에 넣고 그라

1샷은 사용하지 않고 보통 2샷을 기본으로 추출합니다.

에스프레소용 분쇄 크기는 매우 작은 크기입니다. 그라인더의 설명서를 참조하여 에스프레소용 기본 크기로 세팅해서 추출한 후 추출물을 검토하여 분쇄 크기를 조절합니다.

인딩합니다. 또는 포타필터에 원두 파우더를 담고 전체 무게를 측정하기도 합니다.

그라인딩이 완료되면 원두 파우더가 담긴 컨테이너를 뺀 후 컨테이너를 흔들고 손으로 툭툭 쳐서 뭉친 파우더를 풀어 줍니다. 파우더가 가늘수록 뭉침이 심해지므로 파우더 상태를 확인하면서 뭉침을 풀어주도록 합니다.

원두 파우더가 준비되었으면 원두 파우더는 잠시 두고 그룹헤드와 포타필터의 온도가 충분히 올랐는지 확인합니다. 온도가 부족하다면 추출 버튼을 눌러 뜨거운 물을 5~20초 정도 흐르게 하여 그룹헤드를 데웁니다. 충분히 뜨거워질 때까지 2~3회 더 시행합니다. 이 과정을 통해 그룹헤드와 포타필터를 데우고 관 속에 남아있는 데워지지 않은 물을 빼냅니다.

백플러싱 기능을 지원하는 커피머신이라면 백플러싱으로 예 | 백플러싱을 사용하는 방법은 122 페이지를 참조하세요.

열해도 됩니다. 또는 포타필터를 뜨거운 물에 담가두는 방법도 있습니다. 원래는 그룹헤드와 포타필터 모두 90도 이상을 유지 해주는 것이 좋답니다. 전문가형은 그룹헤드와 포타필터를 90도 이상 예열해주는 기능이 있지만 보급형 커피머신은 그룹헤드를 예열해주지는 않기 때문에 추출버튼으로 물을 흐르게 하는 물 흘리기 작업으로 예열해 놓아야 해요. 포타필터가 예열되었으면 타월로 물기를 닦아냅니다.

백플러싱이 포타필터를 예열하는 용도로 나온 기능은 아니에요. 그러나 포타필터 예열 기능이 없는 경우 백플러싱으로 포타필터를 빠르게 데울 수 있답니다.
포타필터가 예열되지 않는 보급형 커피머신 중 백플러싱을 제공하는 경우 임시방편으로 이용할 수 있는 기능입니다.

예열된 포타필터에 원두 파우더를 담습니다. 이때 그냥 담으면 파우더를 흘리기 쉬우므로 포토필터에 도징링을 끼우면 흘리지 않고 담을 수 있어요. 도징컵에 원두 파우더를 담은 경우에는 도징컵과 포타필터를 겹친 후 돌려서 손쉽게 원두를 포타필터에 담을 수 있어요.

포타필터에 원두 파우더를 담을 때 포타필터에 물기가 있으면 안됩니다. 깨끗한 마른 천으로 물기를 완전히 닦아낸 후 사용합니다.

포타필터에 담긴 파우더 형태를 보면 골고루 담겨 있지 않을 거예요. 그래서 손가락으로 파우더를 바깥쪽에서 안쪽으로 움직이며 빈 곳이 없도록 수평적인 상태를 만들어 줍니다. 이 작

업을 통해 한쪽에 원두가 치우치지 않도록 골고루 분산하는 작업을 해줍니다. 이와같은 손가락으로 표면을 고르게 만들어 주는 작업을 그루밍Grooming이라고 하고 포타필터에 분쇄된 원두를 평탄화하는 전반적인 작업을 레벨링Leveling이라고 해요.

레벨링 작업이 완료되었으면 탬핑 패드에 포타필터를 놓고 탬핑 작업을 합니다. 탬퍼를 이용하여 포터필터에 담긴 원두를 눌러 원두 입자 사이에 공간이 없도록 해줍니다. 탬퍼 작업은 균일한 맛을 만들기 위한 아주 중요한 작업이에요.

포타필터의 도징 작업이 끝났다면 포타필터 주변에 원두 파우더가 묻어 있는지 확인하세요. 그룹헤드와 체결되는 부위에 원두 파우더가 묻어 있으면 빈틈이 생겨 물과 압력이 새는 원인이 된답니다.

커피 추출시 포타필터와 그룹헤드 사이에 추출물이 세면 포타필터 체결 부분이나 그룹헤드 개스킷에 이물질이 묻었거나 개스킷에 흠집이 생긴 경우가 대부분입니다. 그러므로 포타필터와 그룹헤드에 이물질이 없는지, 특별한 이상은 없는지 확인해 봅니다.

포타필터를 그룹헤드에 체결하기 전에 추출 버튼을 눌러 그룹헤드에 물이 흘러나오도록 합니다. 이 작업은 관 속에 남아

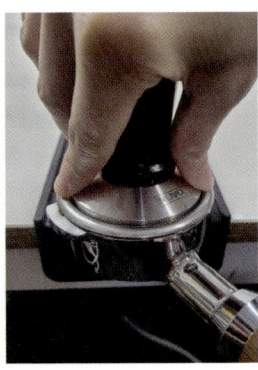

있는 미지근한 물을 빼주고 적정 온도의 물이 바로 나올 수 있도록 해주는 작업입니다. 포타필터를 체결하기 전에 습관적으로 이 작업을 할 수 있을 만큼 익숙해지세요. 커피를 연속으로 추출하는 과정에서도 물 흘리기 작업을 빼놓지 않는 게 중요합니다. 추출이 끝난 후에 커피 찌꺼기가 샤워스크린에 달라붙어 있는 경우가 있는데 물 흘리기 과정을 통해 남아있는 찌꺼기를 씻어내줍니다.

모든 준비가 완료되었으면 그룹헤드에 포타필터를 체결합니다. 포타필터는 보통 왼쪽 45도 방향에서 홈에 맞추어 끼운 후 시계 반대 방향으로 돌려 체결합니다. 포타필터 핸들이 가운데로 올 때까지 돌려주세요. 만일 너무 뻑뻑하여 가운데까지 오지 않는다면 억지로 돌리지 말고 가능한 데까지만 돌려도 됩니다.

드립커피와 마찬가지로 추출이 얼마나 이루어졌는지 확인해야겠죠? 추출량를 확인하기 위해서 포타필터 밑에 계량 눈금이 표기되어 있는 에스프레소 샷잔을 준비합니다. 눈금을 직접 보

그룹헤드 예열은 커피머신 예열로 데운 물을 그룹헤드에도 순환시켜 그룹헤드를 함께 데우기도 하고 그룹헤드에 히터를 별도로 달아 그룹헤드를 예열하는 경우도 있습니다. 그룹헤드가 예열되는 경우 그룹헤드가 뜨거워 맨손으로 만지거나 하면 화상을 입을 수 있습니다. 그래서 예열 기능이 있는 그룹헤드에는 '화상 주의' 경고문이 붙어 있습니다. 보급형 기기에는 그룹헤드 예열 기능이 없는 경우가 많습니다.

면서 추출된 양을 확인할 수 있어요. 이때 표시되는 단위는 mL입니다. 참! 샷잔에 표시되어 있는 눈금은 정확하지 않아요. 참고용으로만 사용하세요.

그리고 샷잔 밑에는 커피 추출량의 무게를 재기 위해서 전자저울을 놓고 제로셋을 해둡니다. 커피 추출을 해보면 크레마라는 거품이 올라오는데 거품은 무게가 적게 나가서 정확한 양을 체크하기가 어려워요. 그래서 mL 단위보다 g 단위로 무게를 체크합니다.

1mL을 1g으로 혼용하는 경우가 있는데 커피 추출물에서는 이 둘을 정확히 구별해야 해요. 물은 일반적으로 1mL가 1g이 맞지만 커피 추출액은 물보다 무겁기 때문에 양과 무게가 다르다는 점 잊지 마세요.

자! 모든 준비가 다 되었으면 추출 버튼을 눌러 추출을 시작합니다. 대부분의 보급형 머신은 추출 시간이 약 25초 정도로 세팅되어 있어요. 그래서 추출 버튼을 누르면 25초 동안만 추출되고 끝납니다. 추출 시간을 변경하는 방법이 있어요. 추출 버튼을 꾹 누르고 있으면 누르고 있는 시간만큼 추출 시간이 새로 세팅됩니다. 이렇게 세팅해두면 이 다음부터 추출 버튼을 누르면 앞서 새로 세팅해둔 시간만큼 추출된답니다. 그러므로 적정 추출 시간이 세팅되지 않은 상태에서 처음 추출하는 경우에는 적정 추출량이 나올 때까지 추출 버튼을 길게 눌러서 추출합니다.

추출 시간 변경하는 방법은 기기마다 다르므로 사용하는 커피머신의 설명서를 참고합니다.

앞에서는 보편적인 보급형 기기를 중심으로 알아 보았습니니다. 전문가용 커피머신은 자동 추출 기능이 없이 오롯이 수동으로 추출 버튼을 켜고 끄면서 추출하는 제품도 있고 정밀한 플로우메타가 내장되어있어 세팅된 물의 양이 나올 때까지 추출이 되는 기기도 있습니다. 추출 방법은 기기마다 다를 수 있으니 반드시 매뉴얼을 참고하세요.

　추출을 시작하면 처음에는 물이 살짝 나와 원두 파우더를 적시는 프리 인퓨전 과정을 거칩니다. 그리고 잠시 후 모터가 도는 소리와 함께 추출이 진행돼요. 전자 저울과 시간을 잘 확인하면서 원하는 정도의 추출물이 나오면 한 번 더 버튼을 눌러 추출을 종료합니다. 추출의 비율은 원두 특성과 취향에 따라 다르지만 초심자에게 추천하는 기준의 원두량:물의 양은 1:2입니다. 추출 후에 맛을 보고 원하는 농도와 맛 표현을 위해 1:1.5, 1:3 비율처럼 다양한 레시피를 만들 수 있습니다. 또한, 대부분의 원두에서 권장하는 추출 시간은 25~30초 정도입니다. 추출 시간을 너무 길게 설정하면 커피의 안 좋은 맛까지 나오므로 가능한 30초를 넘지 않게 설정합니다. 샷잔에 뽑힌 커피 추출물

을 확인해 보세요. 투명한 잔의 옆면에서 보았을 때 진한 검은 커피 위에 그윽한 갈색 황금빛의 크레마가 떠 있고 적정량이 추출되었으면 제대로 추출된 거예요.

만일 권장 추출 시간인 25~35초보다 짧게 추출되면 과소추출되어 커피의 맛을 모두 뽑아내지 못하게 되고, 권장 추출 시간보다 길게 추출되면 과다추출되어 커피의 성분을 너무 많이 뽑아내어 쓴맛이 강해집니다. 다시 정리하면 추출 시간이 짧으면 산미가 높고 깔끔한 맛이 강해지고, 추출 시간이 길면 바디감이 높아지고 깊고 쓴맛이 강해진답니다.

추출 시간을 좌우하는 요인은 크게 원두 분쇄도와 사용된 커피의 양으로 나눌 수 있어요. 추출 시간을 조절하려면 먼저 원두 분쇄도를 조절합니다. 추출 시간이 빠르면 원두 분쇄를 조금 더 가늘게 설정하고 추출 시간이 느리면 원두 분쇄를 조금 더 굵게 설정합니다. 이렇게 조절한 후 추출해봅니다. 결과를 보고 같은 방법으로 조절하면서 적정 분쇄도를 찾을 수 있을 거예요.

분쇄도만 조절했을 때 맛이 아쉽다면 이번에는 커피의 양을 조절해 봅니다. 추출 시간이 빠르면 커피의 양을 1g 정도 추가하고 추출 시간이 느리면 커피의 양을 1g 정도 줄입니다. 더 디테일하게 잡으려면 0.5g 또는 0.1g 단위까지 조절해도 좋아요. 이렇게 조절해 가면서 나에게 맞는 커피의 맛을 찾아가세요.

고급형 커피머신은 어떻게 다른가요?

고급형 모델은 앞에서 알아본 보급형 모델과 차이가 있을까요? 더 편리할까요? 어떻게 보면 더 편리하고 어떻게 보면 더 불편할 수 있습니다. 편리함보다는 더 디테일하게 환경을 설정하는 기능에 더 초점이 맞춰져 있다고 생각하는 것이 좋을 것 같습니다.

고급 모델은 보급형 모델과 어떤 차이가 있는지 엘로치오사의 자르 R 모델을 중심으로 커피 추출 과정을 살펴보겠습니다. 자르 R 모델은 기본 조작 방식은 단순합니다. 외관에 전원 버튼과 추출 버튼만 있습니다. 왼쪽에 전원 버튼을 누르면 기기가 로딩 되면서 예열을 시작합니다. 자르 R은 고급 모델 답게 추출 보일러와 스팀 보일러 두 개의 보일러가 장착되어 있으며 두 개의 보일러 모두를 예열합니다. 보일러의 물을 데우다 보니 써모블록을 사용하는 기기보다는 예열 시간이 깁니다.

자르 R의 본체에는 어떤 디스플레이도 없어 지금 어떤 상태인지 알 수 없지만 별도로 제공하는 컨트롤 패널을 통해 기기의 상태를 확인하거나 자세한 조작을 할 수 있습니다. 예열 때도 현재 추출과 스팀의 물 온도를 실시간으로 알려줍니다. 적정 온도에 이르면 오른쪽에 깜빡이던 녹색 추출 버튼이 활성화됩니다. 추출 준비를 마친 후 오른쪽에 있는 녹색 버튼을 누르면 추출이 시작됩니다. 오른쪽의 압력 게이지를 통해 현재 추출 압력을 확인할 수 있습니다. 추출이 적당히 이루어 졌다면 다시 녹색 버튼을 눌러 추출을 종료합니다. 대부분의 고급형 모델은 추출 완료를 자동으로 설정해주지 않습니다. 추출 상황에 맞게 사용자가 직접 종료하는 것을 원칙으로 하고 있습니다. 만일 추출 시간을 지정하고 싶다면 [추출] 모드로 전환한 후 추출 압력과 추출 시간을 지정해서 추출할 수 있습니다.

자르 R이 모든 고급형 모델을 대표할 수 없지만 고급형 모델의 대략적인 추출 과정을 통해 특징을 알 수 있을 것입니다. 다시 정리하면 고급형 모델은 편리한 조작보다는 디테일하게 조작하여 더 안정적인 추출 환경을 만들어 주고 추출 환경을 조작해서 더 다양한 종류의 커피를 추출할 수 있게 해주는 기기라고 보는 것이 맞습니다.

50 커피 추출 후 청소 이렇게 하세요

#커피퍽 #넉박스 #그룹헤드 청소 #그룹헤드 클리너

커피 추출이 끝났으면 청소를 잘 해두어야 해요. 전자동 커피머신은 원두통과 물통을 확인해서 원두통과 물통이 비었으면 각각 원두와 물을 채우고 배수통에 물이 찼으면 물을 버려두면 돼요. 정기적으로 추출기를 빼서 청소해주면 크게 신경 쓸 게 없어요.

그러나 반자동 커피머신은 청소도 신경 쓸 게 많답니다. 먼저 커피를 추출한 후 반드시 포타필터를 분리해야 해요. 이때 주의할 점! 커피머신에 3WAY 밸브 기능이 있다면 커피 추출 후 바로 포타필터를 분리해도 되지만 3WAY 밸브가 없는 머신이라면 커피 추출 후 바로 포타필터를 분리하면 안 됩니다. 그룹헤드에 압력이 남아 있는 상태에서 포타필터를 억지로 분리하면

| 포타필터 분리하기

압력차로 커피퍽의 잔여물이 터져 나오기 때문이에요. 3분 정도 기다리면 압력이 빠질 텐데 그때 포타필터를 분리합니다. 분리하는 방법은 체결 방향과 반대예요. 포타필터 핸들을 잡고 시계 반대 방향으로 돌리면 된답니다.

포타필터 내부를 보면 원두 파우더 잔여물인 커피퍽이 담겨 있을 거예요. 커피퍽을 버릴 때 사용하는 넉박스가 있다면 포타필터 바스켓이 밑으로 향하게 한 후 넉박스의 봉 부분을 툭 치면 손쉽게 커피퍽을 제거할 수 있어요. 넉박스가 없다면 커피퍽을 담을 수 있는 튼튼한 상자를 이용해도 됩니다.

만일 바스켓이 포타필터에 고정되어 있지 않은 제품은 포타필터 핸들에 있는 고정 걸쇠를 바스켓에 걸치고 손으로 눌러 고정한 후 툭 쳐서 커피퍽을 분리합니다. 커피퍽을 제거한 후에는 포타필터를 세척하고 전용 타월로 물기를 닦은 후 완전히 건조시키세요.

커피퍽이란 커피 추출 후 남은 커피 찌꺼기 덩어리를 말하는 것으로 아이스하키 퍽처럼 생겼다고 해서 커피퍽 또는 커피 쿠키라고 불립니다.

넉박스의 고정 걸쇠를 치면 커피퍽이 손쉽게 빠집니다.

| 커피퍽 버리기

커피퍽을 제거 후 찌꺼기를 통해 추출 상태를 체크할 수 있습니다. 커피 가루가 살짝 묻어 있으면 적정 추출, 아무것도 묻어 있지 않다면 과소추출일 수 있고 너무 많이 남아 있으면 과다추출일 수 있습니다.

| 그룹헤드 클리너로 청소하기

다음은 그룹헤드를 청소합니다. 커피 추출 후 그룹헤드를 보면 샤워스크린과 개스킷에 원두 파우더 잔여물이 묻어 있는 것을 볼 수 있을 거예요. 추출 버튼을 눌러 물을 추출한 후 청소솔로 잔여물을 닦아 냅니다. 개스킷 청소는 생각보다 쉽지 않아요. 작은 잔여물만 남아 있어도 그룹헤드와 포타필터 사이에 빈 틈을 만들어 커피 추출시 물이 새는 문제를 일으키거든요. 그러므로 그룹헤드 솔이나 그룹헤드 클리너로 꼼꼼히 청소해 주세요. 좀 더 손쉽게 청소하려면 포타필터와 비슷하게 생긴 그룹헤드 전용 클리너를 사용합니다. 클리너를 포타필터처럼 끼운 후 추출 버튼을 누르세요. 물이 나올 때 클리너를 좌우로 흔들면 샤워스크린뿐만 아니라 개스킷까지 함께 청소할 수 있어서 편리하답니다.

마지막으로 물통이 비었는지 확인하고 부족하면 충분하게 물을 채워주고 배수통 역시 커피 추출 후 바로 분리해 고여있는 물은 버리도록 합니다.

보통 커피머신을 구매했을 때 함께 딸려오는 클리너는 그룹헤드 솔입니다. 스프링처럼 말려 있는 구조를 가지고 있습니다. 그룹헤드 솔보다는 플라스틱 재질인 그룹헤드 클리너가 사용하기 편리합니다.

그룹헤드 클리너는 손잡이와 흐물거리는 고무 재질로 되어 있는 솔로 구성되어 있습니다. 솔 부분은 손잡이와 분리할 수 있고 끼울 때는 접히는 부분을 맞추어 결합하여 모양을 구성합니다. 솔이 부드러운 재질로 되어 있는 개스킷 손상을 줄일 수 있고 손쉽게 청소도 할 수 있어 편리합니다. 또한 물 흘리기를 하면서 청소하면 손잡이 부분에 물을 담아두기 때문에 흐르는 물을 이용하여 그룹헤드도 청소할 수 있답니다.

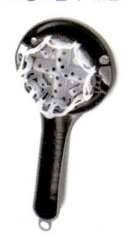

51
아메리카노 커피를 만들어 봐요

#아메리카노

연한 커피를 즐겨 마시는 미국 문화로부터 유래한 아메리카노는 에스프레소와 물을 적절하게 섞어 만든 커피를 가리켜요. 커피전문점에 가면 언제나 마실 수 있는 가장 기본이 되는 커피예요. 여기서는 이러한 아메리카노는 어떻게 만드는지 한번 살펴보도록 할게요.

아메리카노를 만들기 전에 우선 약 300mL 용량 이상의 머그잔이나 커피잔을 준비하세요. 그런 다음 뜨거운 물로 컵을 헹궈 예열해 주세요. 컵이 차가우면 뜨거운 커피가 들어가더라도 컵의 온도가 낮아지기가 쉽기 때문이에요. 커피는 열에 민감해서 따뜻한 커피를 만들 때는 커피잔을 따뜻하게 만들어주면 더 훌륭한 커피를 맛볼 수 있답니다.

커피머신 상단에 컵을 올려 놓을 공간인 컵 워머가 있는 제품이라면 이곳에 컵을 올려 놓으면 좋아요. 워머 공간은 항상 따듯해서 컵을 예열하기 좋거든요. 다만 보급형 기기에서는 선반 역할만 할 뿐 예열 기능이 없는 경우도 있습니다.

예열한 커피잔에 뜨거운 물을 붓고 앞서 뽑은 에스프레소를 부어줍니다. 이때 에스프레소와 물의 비율은 어떻게 될까요? 정해진 게 없어요. 커피를 만드는 사람마다 자신만의 비율을 사용합니다. 아메리카노는 원래 에스프레소와 물을 1:2로 섞는

것이 기본이었지만, 시간이 흐르며 다양하게 변화하다 근래엔 보통 1:5~1:8 정도의 비율을 많이 사용합니다. 예를 들어 1샷이 30mL라면 에스프레소 1샷에 뜨거운 물을 150~240mL 정도 섞게 되는 거죠. 좀 진한 커피를 마시고 싶다면 여기에 에스프레소만 2샷으로 늘리면 된답니다.

물의 양이 많아지면 당연히 커피는 연해지고 물의 양이 적으면 커피는 진해지고 무거워져요. 이 특징을 원두의 특성에 적용해 보세요. 예를 들어 강배전의 커피라면 물을 더 넣어 부드럽게 만들 수 있을 것이고, 약배전의 커피라면 물의 비율을 줄여 좀 더 선명한 맛을 뽑아낼 수 있을 거예요. 이처럼 물의 양을 조절해서 최적의 커피를 만들 수 있답니다.

52
아이스 아메리카노
만들어 봐요

#아이스아메리카노

아이스 아메리카노는 우리나라에서 처음 생겨난 커피 중 하나로 '얼죽아'라는 유행어가 탄생했을 만큼 인기 있는 커피 음료예요. 외국 사람들이 한국에 오면 놀라는 문화 중 하나가 아이스 아메리카노랍니다. 외국에서는 커피를 얼음에 넣어서 마시지 않기 때문이에요. 대용량 커피를 물처럼 마시고 갈증 해소 목적에 두는 문화가 발달해 이러한 현상이 생긴 것 같아요.

아이스 아메리카노를 만드는 방법은 어렵지 않아요. 먼저 아이스 아메리카노를 담을 글라스 잔을 준비하세요. 커피 매장에서는 300~385mL 크기의 잔을 많이 사용해요. 큰 잔은 600mL 이상되는 잔도 있고요. 보통 크기인 16온스의 약 480mL의 글라스로 된 잔을 준비하면 됩니다.

글라스 잔에 얼음을 가득 채워 줍니다. 얼음의 양은 큰 각얼음일 경우 12조각 정도 넣어주시고, 작게 부순 조각 얼음이라면 꼭 잔에 가득 채우진 마세요. 작은 얼음들은 얼음 사이의 빈틈이 작기 때문에 얼음을 가득 채웠을 때 물이 들어갈 공간이 적

어져 의도했던 것보다 커피가 진하게 느껴질 수 있어요.

얼음을 담았으면 물을 약 150~200mL 넣어주세요. 잔의 용량이 크지만 앞서 넣어둔 얼음이 부피를 많이 차지하여 물이 들어갈 곳이 많이 남진 않았을 거예요. 잔에 크기에 따라 적정 물양을 맞추어 주세요.

그 후 에스프레소를 잔 밖으로 흐르지 않도록 천천히 담습니다. 보통 에스프레소 2샷, 즉 50~60mL의 에스프레소를 담아요. 좀 연한 커피를 선호한다면 1샷을 넣어도 됩니다.

이렇게 만들면 아이스 아메리카노가 만들어집니다. 앞에서 설명했듯 커피 추출물과 물의 비율에 정답은 없어요. 이리저리 바꿔가면서 내 취향에 맞는 맛을 찾으면 됩니다.

53 우유 거품을 만들어 봐요

#우유 거품 #카페라테 #라테 아트 #우유 거품기

카페라테란 커피와 우유가 섞인 음료입니다. 농축된 에스프레소와 부드러운 우유가 서로 조화를 이루어져 인기가 많은 커피 음료죠. 그리고 따뜻한 카페라테라면 우유 거품으로 예쁜 라테 아트를 그릴 수 있어요.

카페라테를 만들기 위해서는 에스프레소 1~2샷과 우유 거품이 필요해요. 우유 거품을 만들려면 우선 우유 거품기에 우유를 담은 후 끓여요. 보통 우유 거품기는 크기가 작기 때문에 가스레인지 삼발이에 걸칠 수 없을 거예요. 작은 삼발이를 따로 구해야겠죠. 삼발이가 갖춰졌다면 우유 거품기를 올려놓고 끓입니다. 우유를 데울 때 반드시 뚜껑은 제거한 상태여야 합니다.

1잔의 카페라테에 약 200~240mL의 우유가 필요해요. 우유가 가열되면서 내부에 공기가 주입되는 중에 점차 부피가 증가합니다. 부피가 늘어나는 걸 감안하여 300mL 넘는 양을 담을 수 있는 제품을 고르는 게 좋아요.

우유 거품기는 재질에 따라 유리, 스테인리스, 알루미늄 등으

| 우유 데우기

로 나눌 수 있어요. 어떤 제품에 따라 전자레인지, 가스레인지, 인덕션 등 알맞은 가열기가 다르기 때문에 제품 설명서를 참조해 확인합니다.

우유 거품기에서 제공한 설명서대로 우유를 데우는 작업이 끝나면 뚜껑을 닫고 펌핑기로 30~50회 정도 빠르게 펌핑하여 거품을 만듭니다. 펌핑 작업은 공기를 우유 표면에 접촉시키며 공기와 우유를 서로 섞이게 해서 거품을 만들어주는 역할을 해

| 우유 거품기로 펌핑하기

| 잔 거품 없애기

요. 펌핑 작업을 할 때 달궈진 우유 거품기에 피부가 닿아 화상을 입을 수 있으니 주의하세요.

　작업을 전부 끝났으면 뚜껑을 열어서 우유 거품을 확인해 보세요. 부피가 꽤 늘어난 것을 볼 수 있어요. 그리고 잔거품이 일어난 것을 볼 수 있을 텐데, 이 거품은 좋지 않은 촉감을 만들어 내기 때문에 우유 거품기를 여러 번 흔들고 바닥에 몇 번 두드려서 잔거품을 제거합니다.

　만일 손으로 펌핑하는 작업이 귀찮다면 핸드형 전동 거품기를 사용하세요. 핸드형 전동 거품기는 저렴한 가격 덕에 부담도 적어요. 핸드형 전동 거품기를 구매할 때는 봉이 두껍고 튼튼한 제품을 구매하도록 합니다. 봉이 얇은 제품은 쉽게 휘어져 거품이 제대로 만들어지지 않을 수 있어요. 사용 방법은 전동 거품

봉

기의 봉을 데운 우유 속으로 깊숙이 넣은 후 동작시키면 됩니다. 30초 정도면 우유 거품이 올라올 거예요.

아이스 카페라테나 아이스 캐러멜 마키아토와 같은 시원한 음료를 만들 때도 우유 거품을 올리기도 해요. 이때는 뜨거운 우유를 사용하면 안 되겠죠. 찬 우유 상태에서 바로 거품을 만들어 사용해야 해요. 마찬가지로 우유 거품기나 전동 거품기로 거품을 만들면 된답니다. 우유가 차가울수록 거품 만들기가 어려워요. 따뜻한 우유를 펌핑할 때보다 펌핑 횟수를 더 늘려줘야 합니다.

앞서 소개한 우유 거품기가 번거롭다면 전자동 우유 거품기를 사용해 보세요. 이 제품은 포트형으로 우유를 담고 버튼만 누르면 알아서 우유를 데우고 거품을 만들어 주는 편리한 제품이랍니다. 우유 거품의 온도와 거품의 양을 조절할 수 있어 따뜻한 커피 이외에 아이스 커피에도 이용할 수 있어 라테 커피를 좋아하는 사용자에게 인기가 높답니다.

자동 우유 거품기는 라테에 사용할 우유 거품을 간단하게 만들기에는 좋지만 라테 아트가 가능할 만큼의 점성을 만들어주진 못합니다.

54 커피머신 스팀을 이용해 봐요

#커피머신 스팀 #공기 주입

| 커피머신의 스팀 밸브

우유 컨테이너를 장착해서 사용자가 스팀치는 과정 없이 우유 거품을 자동으로 만들어주는 기기도 있습니다. (2번째 그림 참조)

커피머신을 보면 완드가 하나가 아니라 두 개인 경우가 있습니다. 하나는 스팀 완드이고 하나는 온수 완드입니다. 스팀 완드는 완드 끝의 팁이 얇고 다양한 각도로 움직일 수 있도록 되어 있고 온수 완드는 팁이 더 두껍습니다.

반자동 커피머신이나 자동 커피머신을 살펴보면 하나같이 기다랗게 나온 봉을 확인할 수 있는데 이게 바로 스팀 완드Wand에요. 동작시키면 이곳에서 뜨거운 스팀이 나와요. 이 스팀으로 우유를 데우고 거품을 만들어 주죠. 간편해 보이지만 스팀을 이용하여 거품을 만드는 작업은 생각보다 노하우가 필요해요. 커피머신의 스팀 기능도 좋아야 하고요. 그럼에도 불구하고 많은 커피 전문가들이 이 방법을 선호하는 이유는 익숙해지면 일일이 우유를 데우고 거품을 따로 만들지 않아도 데우는 동시에 바로바로 우유 거품을 만들 수 있기 때문이랍니다. 그럼 커피머신의 스팀기에 대해서 알아볼게요.

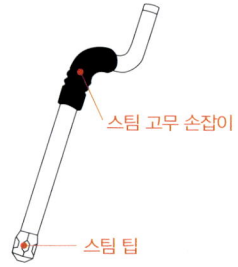

— 스팀 고무 손잡이

— 스팀 팁

스팀 완드가 이중 관으로 되어 있고 쿨터치 기능이 있는 제품은 스팀 완드가 덜 뜨겁기 때문에 고무 손잡이가 없습니다.

| 커피머신의 스팀 버튼과 스팀 다이얼

스팀 작업을 하기 전에 먼저 우유를 준비합니다. 우유는 스테인리스 재질의 스팀 피처에 담아요. 스팀 피처는 스팀 작업과 머그잔에 우유를 붓는 게 수월하도록 만들어진 도구랍니다. 머신에 따라 예열 작업이 필요한 머신이 있고, 바로 스팀을 분사할 수 있는 머신도 있어요. 예열이 필요한 머신은 스팀 버튼을 눌러 예열이 완료될 때까지 잠시 기다려주세요. 준비가 완료된 후 커피머신에 있는 스팀 다이얼을 돌리면 스팀이 분사됩니다. 사용하기 전 잠시 스팀 다이얼을 돌려 스팀을 열어서 스팀 완드에 남아 있는 물을 모두 제거합니다. 이때 물이 사방으로 튈 수 있으니 스팀 전용 행주를 사용하여 수증기압이 나오는 스팀 팁 부분을 가볍게 막아주시는 게 좋아요. 사용하기 전 남아있는 수분을 제거하는 이유는 우유가 남아있는 물과 섞이면 우유 맛이 연해져 완성도가 떨어지기 때문이에요. 이 작업은 스팀을 사용할 때마다 거쳐야 하는 과정이므로 습관을 들여야 해요.

물을 데우는 보일러가 있는 고급형 커피머신은 워밍업을 하면 항상 물을 데워 언제든지 스팀을 이용할 수 있도록 구성되어 있지만 일시적으로 물을 데우는 써모블록 보일러가 사용된 보급형은 스팀을 사용하려면 물을 데우는 예열 작업이 꼭 필요합니다.

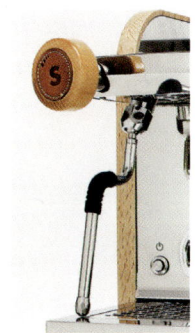

고급형은 스팀 다이얼만 돌리면 바로 스팀이 분사됩니다.

다시 스팀 다이얼을 돌려 스팀을 잠근 후 스팀 피처 손잡이를 한 손으로 잡고 스팀 막대의 노즐이 우유에 1cm 정도 잠길 만큼 넣은 후 스팀 다이얼을 최대로 열어 스팀을 분사합니다. 스팀이 발생하면서 스팀이 우유를 휘저을 거예요. 이 과정에서 스팀 피처를 아주 미세하게 내려줍니다. 다른 사람이 봤을 때 멈

스팀 다이얼을 돌리는 방향은 제품마다 다를 수 있어요. 보통 보급형은 시계 반대 방향으로 돌려 열고 상업용 커피머신은 시계 방향으로 돌려 여는 경우가 많아요. 정확한 방법은 매뉴얼을 참조하세요.

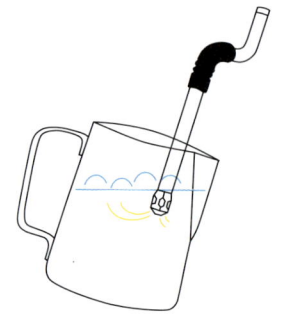 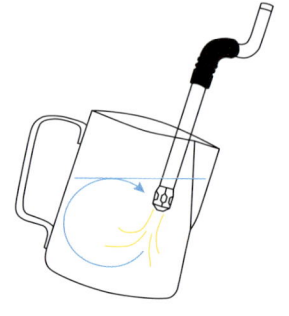

| 주입 과정과 롤링 과정

스팀 피처를 살펴보면 물을 따르는 입구가 튀어 나와 있는데 이곳에 스팀 완드를 두지 말고 스팀 피처 좌우 가장자리에 두는 것이 우유 흐름을 보다 원활하게 만들어 줍니다.

취있나 싶을 정도로 1mm 단위로 미세하게 내려야 해요. 한 번에 많은 거리를 내려온다면 거친 우유 거품이 생성될 것이고, 반대로 아예 내리지 않으면 대기 중에 있는 공기가 우유 속에 유입될 수 없어 거품이 아예 없거나 너무 적은 상태가 될 거예요. 우유 거품을 만드는 방법은 생각보다 쉽지 않아요. 많은 연습이 필요합니다. 이 과정을 공기 주입이라고 합니다.

주입과 롤링 작업하는 과정은 사람마다 작업 방법이 다르므로 무엇이 정답이라고 말하기 어렵습니다. 기본은 주입은 공기를 우유에 넣는 작업으로 스팀봉을 유유 경계면에 살짝 잠기는 위치에서 작업하고 롤링 작업은 우유의 질감을 만들고 온도를 높여 주는 작업으로 스팀봉을 살짝 더 담가주고 작업합니다.

거품이 어느 정도 일어났으면 적정 온도가 되기까지 본격적으로 롤링 작업을 진행할 거예요. 스팀 피처를 약 0.5~1cm가량 높여 스팀 팁을 우유 속에 담가 줍니다. 여기서 주의할 점은 스팀 팁을 너무 얕게 담그거나 스팀 피처가 흔들리면 의도치 않은 거품이 형성될 수 있고, 반대로 스팀 팁을 너무 깊이 담근다면 우유 거품의 층이 나눠져 원하는 질감의 스티밍 밀크를 만들 수 없어요. 만약 잔거품이 위에 둥둥 떠 다닌다면 스팀 팁을 깊게 넣진 않았는지 한 번 더 체크해 봅니다.

롤링은 공기 주입 작업을 하는 중에도 일어납니다.

이러한 과정은 그리 오래 걸리지 않아요. 머신마다 압력의 차이가 있겠지만 10~25초 이내에 끝나는 경우가 대부분입니다. 따라서 스팀 레버를 열고 얼마 안 된 시점에서 바로 공기 주입과 롤링이 시작되어야 해요. 우유의 온도가 올라간 상태에서 공기 주입이 이루어진다면 이미 단백질과 지방의 조직이 분해된 상태이기 때문에 고운 우유 거품을 만들 수 없습니다. 이 과정에서 스팀 피처를 잡고 있는 반대 손도 중요합니다. 스팀 레버를 켜고 끄는 동작 외에 스티밍이 이루어지는 과정에서는 손잡이를 잡은 반대 손으로 스팀 피처 외벽에 손을 갖다 대고 온도를 체크해주는 게 좋아요. 이때 손을 스팀 피처에 오랫동안 대고 있을 때 화상을 입을 위험도 있고, 손이 민감하게 반응하지 못해 온도를 제때 체크하기 어려울 수 있기 때문에 손을 떼었다 붙였다 하는 동작을 반복하며 온도를 확인하도록 하세요.

사람마다 다르지만 보통 라테가 맛있는 온도는 55~65도입니다. 다만 이 온도에서 음료를 만들면 마시기 편하지만 음료가 식었다고 느낄 수 있어요. 이럴 때는 온도를 약 70~85도까지 올려도 됩니다. 단 온도가 높아질수록 우유에서는 가열로 인한 부정적인 냄새가 생성되고 무게감과 고소한 맛을 내는 성분이 변질되기 때문에 온도를 높이면 커피 맛을 일부 타협해야 하는 점도 기억해 두세요. 약 70도 가까이 된다면 더이상 스팀 피처를 만지기 어려울 거예요. 손으로 온도를 체크하며 언제 스티밍을 종료해야 할지 타이밍을 잘 맞추어 주세요. 초보자는 스팀 피처 전용 온도계와 같은 도구를 활용하는 것이 도움이 될 수 있어요.

스팀 작업을 끝냈으면 스팀 다이얼을 잠가 스팀을 끄고 스팀 피처를 뺍니다. 다시 스팀 다이얼을 잠시 동안 돌려 스팀 봉에 남아 있는 물을 제거하세요. 그리고 전용 타월로 스팀 봉을 닦아 스팀 봉에 묻어 있는 우유를 닦아 냅니다. 이 작업도 스팀 작업 시 꼭 해야 하는 작업이므로 습관화하면 좋습니다.

커피머신의 스팀 작업은 기술도 중요하지만 스팀이 잘 되는 커피머신을 사용하는 것이 무엇보다 중요해요. 그만큼 보급형과 전문가형 모델의 기능 차이가 확연해요. 라테 커피를 즐긴다면 스팀이 잘 되는 머신을 골라야 한답니다. 스팀이 잘 되는 커피머신은 써모블록 보일러보다는 실제 물을 담아서 데우는 보일러가 들어 있는 제품이 좋고 그중에서도 보일러 크기가 크거나 스팀용 보일러가 따로 있는 제품이 좋답니다. 당연히 가격대도 올라가겠죠. 고가의 커피머신이 부담스럽다면 스팀 작업은 핸드형 전동 우유 거품기나 전자동 우유 거품기를 사용하는 것으로 대체하는 방법도 있습니다.

55 하트가 있는 카페라테 커피를 만들어 봐요

#라테 아트 #핸들링 기법 #라테 아트 가이드

우유 거품이 준비됐으면 에스프레소와 우유 거품을 이용하여 카페라테를 만들어 보고, 하트가 그려진 라테 아트도 배워볼 거예요. 카페라테를 하기 위해서 카페라테 잔을 준비하세요. 일반 커피잔보다 폭이 더 넓은 모양을 가진 잔을 사용해야 카페라테의 느낌을 잘 살릴 수 있답니다.

카레라테를 만들기 전에 커피잔을 뜨거운 물로 헹궈서 잔을 따듯하게 예열해주세요. 특히 카페라테는 아메리카노나 드립 커피에 비해 온도가 낮은 음료입니다. 온도가 낮은 만큼 빨리 식어 버려요. 예열은 커피가 최대한 오랜 시간 따뜻한 온도를 유지하도록 도와줍니다. 뜨거운 커피와 동일한 온도로 데운 잔에 담는 것이 온도의 손실 없이 커피 맛을 온전하게 즐길 수 있는 비결이랍니다. 예열된 컵이 준비되었으면 커피잔에 기호에 따라 1~2샷의 에스프레소를 담으세요. 에스프레소에 크레마가 너무 뭉쳐있다면 라테 아트를 만들기 어려우니 잔을 가볍게 흔들어서 크레마를 풀어 주는 게 좋아요. 막 추출해서 크레마가 뭉쳐있지 않다면 크레마 구조를 파괴하지 않도록 잔을 흔들지

| 라테 아트 작업의 올바른 자세

않는 게 좋아요. 그리고 스티밍 과정을 거친 우유가 담긴 스팀 피처를 준비하세요.

라테 아트를 하기 위해서 먼저 안정적인 자세를 취합니다. 다리는 어깨 너비로 벌리고 자주 사용하는 손으로 스팀 피처 손잡이를 잡고 반대 손으로 머그잔을 쥐어줍니다. 머그잔을 잡을 때는 잔의 아랫부분을 잡는 게 안정적이고, 스팀 피처는 전문가 파지 방법이 있지만 처음 하신다면 스팀 피처 손잡이를 물컵 손잡이 잡듯 편하게 잡아주세요.

준비가 되었으면 머그잔을 45도 각도로 기울인 후 우유 거품을 담은 스팀 피처를 기울여서 스티밍된 우유를 따라줍니다. 처음에는 스팀 피처를 컵에서 5~10cm 정도 띄워 컵 바닥 가운데부터 원을 그리면서 천천히 부어서 커피 크레마 아래에 가라앉도록 합니다. 만약 우유 거품이 커피 크레마 위로 떠 있다 하더라도 우유를 부어주면서 돌리다 보면 우유 거품은 커피 크레마 아래로 내려갑니다. 만약 위 방법으로도 우유 거품이 뜬다면 대부분의 원인은 우유 거품을 과하게 만들었거나 우유 스티밍한 후 우유 거품을 붓기까지 시간을 너무 지체한 경우입니다. 우유 거품이 많다면 우유 거품을 적게 만들어서 적절한 양을 찾아야 하고 우유를 스티밍한 후 지체 없이 라테 아트 작업을 시작합니다. 우유를 부을 때 컵의 기울기는 커피가 채워지는 양에 맞춰 조절합니다.

스티밍된 우유는 거품이 형성이 된 직후 바로 층을 이루며 서서히 나뉘어집니다. 이 속도는 마치 맥주나 탄산음료를 유리잔에 따르고 순식간에 층이 나뉘어지는 것만큼 빠른 시간 안에 이루어지므로 작업은 최대한 빠르게 진행하는 것이 좋습니다.

우유를 부어 머그잔의 절반 정도 채워졌으면 멈추고 라테 아트를 하기 위해서 스팀 피처를 다시 컵과 가깝게 붙입니다. 스팀 피처의 주둥이 끝 부분과 에스프레소의 거리를 낙차라고 부르는데 이 거리를 줄이면 우유 거품이 커피 크레마 위에 띄워집니다. 이때 가까운 거리에서 동일한 속도로 동일한 양의 우유를 부어주어야 깔끔한 아트를 그릴 수 있어요. 이 작업도 앞에서와 같이 빠르게 진행해야 합니다. 시간이 너무 지체되어 우유와 우유 거품층이 분리되면 거품이 스팀 피처 안쪽에서 나오질 못하고 우유만 나오게 됩니다. 그러므로 스티밍 과정을 마친 후 우유를 붓는 과정은 10~15초 안에 끝내야 합니다.

그럼 본격적으로 라테 아트를 해 볼게요. 먼저 제일 쉬운 하트를 그려볼 거예요. 잔의 윗면을 4등분으로 나눈다 생각하고 스팀 피처 주둥이를 약 3/4 지점에서 시작하세요. 위치를 잡았으면 망설이지 말고 우유를 부어주세요. 우유 거품이 제대로 띄워진다면 거품은 그림을 그리기 시작한 점보다 앞쪽으로 퍼지며 잔 바깥 부분 모양에 따라 안으로 서서히 말려들어 자연스럽게 원이 만들어질 거예요. 그림이 어느 정도 생성되었다면 우유가 끊기지 않게 조심하며 스팀 피처를 들어올려 앞으로 전진면서 우유 붓기를 끝냅니다. 그러면 우유로 그린 원이 전진한 방향으로 빨려 들어가며 예쁜 모양의 하트가 만들어질 거예요.

| 라테 아트 : 하트

| 라테 아트 : 결하트

　이번에는 하트가 조금 더 화려하게 보이는 결하트를 만들어 볼게요. 결하트는 일반 하트처럼 우유를 붓는 과정에서 원이 형성되며 스팀 피처 안에 있는 우유를 좌우로 흔들어 주는 동작을 더해주면 만들어져요. 이러한 동작을 핸들링Handling이라고 합니다. 핸들링 관련 팁을 드리자면 우유를 부을 때 중간에 우유가 부족해 끊기는 일 없이 일정하게 부어지도록 신경 써야 한다는 거예요. 흔히 초보자는 우유를 좌우로 흔드는 것에 집착하다보니 일정하게 우유가 제대로 나오지 않는 경우가 많아요. 그러므로 흔드는 동작보다는 우유를 지속적으로 내보내는 동작에 집중해 주세요.

핸들링이 어렵다면 스팀 피처에 우유 대신 물을 담아 물로 핸들링을 연습해 보세요.

핸들링된 우유가 퍼지는 과정을 살펴볼게요. 스팀 피처를 잔에 가까이 둔 상태에서 일정한 우유량을 붓는다면 띄워진 우유 거품이 직진하며 마치 하트를 그릴 때처럼 원이 커질 거예요. 이 과정이 멈추지 않고 이루어진 상태에서 좌우로 우유를 흔들어 줍니다. 그리고 이어서 붓는 우유 거품이 앞서 만들어진 우유 거품을 밀어내면서 퍼지고 하트 안에 결이 쌓이게 됩니다.

좌우로 흔들리며 나오는 우유 거품은 작은 형태의 흔들림으로도 충분히 퍼질 수 있어요. 우유를 지속해서 붓는다면 처음 부었던 거품은 뒤에서는 아주 커다란 형태가 되어 있을 거예요. 그리고 일반 하트를 마무리했을 때와 마찬가지로 스팀 피처를 높이 들며 선을 긋듯 우유를 부어주었던 진행 방향으로 지나가면 결 하트가 완성됩니다.

결하트 외에도 푸어링 방식을 응용하여 로제타, 윙튤립, 백조 등 다양한 모양을 만들 수 있어요. 쉽게 설명했지만 실제로 해보면 많은 연습이 필요하다는 걸 알 수 있어요.

요즘은 익숙한 핸들링 기법 외에도 드로잉 등의 기법을 활용하여 유니콘, 해마 등 다양한 동물이나 캐릭터 모양을 만들기도 해요. 라테 아트의 재미를 느끼셨다면 연습을 통해 다양한 그림에 도전해보세요!

처음에는 규칙적인 크기로 우유 거품을 붓는 것이 쉽지 않을 거예요. 그러니 스팀 피처에 물을 담아서 규칙적인 크기로 붓는 연습을 해두는 것이 좋겠죠. 어느 정도 익숙해지면 라테 아트를 연습해 보세요. 연습할 때는 에스프레소 없이 우유 거품만으로 연습해도 충분해요. 컵에 에스프레소 샷만큼만 우유 거품을 부으세요. 그런 다음 원두 파우더나 초코 파우더를 뿌려 줍니다. 우유 거품 위에 파우더가 떠 있는 상태에서 라테 아트를 연습하면 됩니다. 라테 아트를 마친 후에는 다시 우유를 스팀 피처에 붓고 흔들면 원두 파우더가 가라앉죠. 같은 방법으로 연습하면 돼요. 이렇게 하면 에스프레소 없이도 반복적으로 연습할 수 있답니다.

| 라테 아트 : 로제타

| 라테 아트 : 백조

| 라테 아트 : 튤립

| 라테 아트 : 유니콘과 해마 완성샷

56 카푸치노 커피를 만들어 봐요

#카푸치노 #우유 거품 #드라이 카푸치노 # 웨트 카푸치노

카푸치노는 풍부한 우유 거품이 매력인 음료예요. 제조 방법은 라테와 비슷하지만 라테보다 훨씬 풍성한 우유 거품이 특징이죠. 제조 비율은 에스프레소, 우유, 우유 거품 1:1:1입니다.

우유 거품의 양을 풍성하게 만들기 위해 펌핑을 더 많이 하고 커피머신의 스팀을 이용할 때는 주입 과정의 횟수를 늘려줍니다. 우유 거품이 많다고 해서 눈에 보일 정도의 큰 거품이 있으면 안됩니다. 만일 큰 거품이 있다면 스팀 피처를 바닥에 2~3회 두드려서 큰 거품은 없애주도록 합니다.

카푸치노는 두가지 방법이 있어요. 흔히 드라이Dry 카푸치노와 웨트Wet 카푸치노로 나뉘어집니다. 한국인들이 카푸치노 하면 떠오르는 이미지는 대부분 드라이 카푸치노일 거예요. 드라이 카푸치노는 스티밍한 우유를 에스프레소에 부어준 뒤 거품을 마지막에 따로 넓은 스푼으로 떠서 잔 위에 담아냅니다. 우유 폼의 몽글몽글한 느낌을 살린 드라이 카푸치노는 기호에 따라 시나몬 등을 뿌려 마시기도 해요.

드라이 카푸치노 만들기

1. 스티밍 우유를 에스프레소에 붓는다.

2. 스푼으로 우유 거품을 떠서 잔 위에 담는다.

웨트Wet 카푸치노 방식은 카페라테를 만드는 방법과 비슷합니다. 에스프레소에 우유와 우유 거품을 함께 부으면 완성입니다. 완성까지 스푼 같은 별도의 도구가 필요 없어요. 기호에 따라 우유를 붓기 전 에스프레소 위에 카카오 또는 시나몬 등을 뿌려 만들기도 합니다.

두 방식은 같은 재료로 만들어서 동일한 맛이 날거라 생각할 수 있지만 만드는 과정에 따라 조금씩 맛에 차이가 있어요. 드라이 카푸치노는 위에서 설명한 비율보다 우유 거품을 훨씬 풍성하게 만드는 경우가 많습니다. 드라이 카푸치노는 우유 거품과 아래에 있는 커피가 확실히 분리가 되어 있어 우유 거품과 커피를 각각 따로 즐길 수 있는 반면, 웨트 카푸치노는 비록 크레마와 우유 거품에 의해 일부 층이 나눠져있지만 대부분이 섞여있기 때문에 첫 모금에 우유와 커피가 함께 느껴진답니다. 각각 다른 두 방법으로 모두 제조해 보며 취향에 맞는 방법은 어떤 것인지 찾아보는 건 어떨까요?

웨트 카푸치노 만들기

1. 스티밍 우유를 에스프레소에 붓는다.

2. 우유와 우유 거품을 함께 부으면 완성.

57 캐러멜 마키아토와 카페모카, 돌체라테 커피를 만들어 봐요

#시럽을 사용하는 레시피 #캐러멜 마키아토 #카페모카 #돌체라테

캐러멜 마키아토와 카페모카는 커피에 달콤함을 더해 인기 있는 커피 음료예요. 제조 방법은 앞에서 알아본 카푸치노와 비슷해요. 캐러멜 마키아토는 바닐라 시럽과 캐러멜 소스 혹은 시럽을 이용하고, 카페모카는 초콜릿 소스를 이용하는 게 두 음료의 차이점이죠.

만드는 방법은 먼저 따듯하게 데운 커피잔에 시럽이나 소스를 뿌려 줍니다. 캐러멜 마키아토는 바닐라 시럽을, 카페모카는 초콜릿 소스를 사용해요. 그런 다음 에스프레소를 부은 후 잘 섞어 준 다음 스티밍한 우유를 붓고 남은 우유 거품은 스푼으로 떠서 커피 위에 올립니다.

마지막으로 시럽을 뿌리는 드리즐Drizzle을 할 건데요. 캐러멜 마키아토는 캐러멜 시럽을, 카페모카는 초콜릿 시럽을 뿌려주면 완성입니다. 드리즐은 일반적으로 바둑판 모양으로 그려주는 편입니다.

> 시럽이란 설탕물에 특정 액상을 넣어 만든 것으로 묽고 가벼운 맛과 향긋한 향이 납니다. 바닐라 시럽, 캐러멜 시럽, 헤이즐넛 시럽 등이 있습니다. 보통 음료에 단맛과 향을 첨가할 때 주로 사용합니다.
> 소스는 특정 재료에 설탕을 넣어 만든 것으로 맛이 진하고 걸쭉하고 묵직한 맛이 납니다. 초콜릿 소스, 캐러멜 소스 등이 있습니다. 음료에 맛을 추가하기 위한 목적으로 사용합니다.

> 드리즐을 처음 할 때 움직이는 것에 집중하다보면 소스가 자꾸 끊겨 나오는 상황이 많을 거예요. 드리즐은 우리가 연필이나 볼펜을 사용할 때와 다르게 계속 누르며 움직이는 게 중요합니다. 지속적으로 누르는 힘이 있어야 끊기지 않고 드리즐을 할 수 있답니다.

| 캐러멜 마키아토 만들기

1. 커피잔에 시럽을 붓는다.

2. 에스프레소를 붓는다.

3. 스티밍 우유를 붓는다.

4. 우유 거품을 스푼으로 떠서 올린다.

5. 시럽을 바둑판 모양으로 드리즐한다.

이번엔 돌체라테에 대해서 알아볼게요. 돌체라테는 연유와 우유를 사용해요. 먼저 연유 45g 정도를 부은 후 우유를 조금 따르고 스푼으로 연유랑 잘 섞습니다. 연유가 우유랑 잘 섞이지 않기 때문에 소량의 우유를 붓고 잘 섞어주도록 합니다. 그런 다음 나머지 우유를 모두 부어 주고 에스프레소 핫샷을 부어줍니다. 그러면 커피가 가라앉으면서 밑에는 커피색이, 위에는 우유 거품의 흰색이 올라온답니다. 그래서 돌체라테는 도자기 컵 보다는 투명 유리컵을 사용해야 시각적으로 예쁘지요.

돌체라테의 강한 달콤함이 싫다면 일반 우유 대신 저지방 또는 무지방 우유를 사용해 보세요. 연유의 달콤함을 크게 해치지 않으면서 커피를 더 부드럽게 만들어 줍니다.

• 바리스타 Talk •

시럽 만들기

커피 음료에는 시럽이 많이 사용되는데 이러한 시럽은 구매해도 되지만 직접 만들어서 사용할 수도 있어요. 기본적으로 시럽은 물과 설탕으로 만들어요. 물과 설탕을 1:1 비율로 섞은 후 갈색이 되도록 끓이면 간단하게 시럽이 완성돼요. 이 시럽에 향을 추가하면 다양한 시럽을 만들 수 있어요. 바닐라 시럽을 만들려면 바닐라 빈을 구매하세요. 바닐라 빈은 콩처럼 안에 씨앗이 들어 있는데 씨앗을 제거해서 껍질과 함께 모아 둡니다. 이곳에 앞서 만든 뜨거운 시럽을 붓고 뚜껑을 닫은 후 3일 정도 숙성해주면 바닐라 시럽이 완성됩니다. 캐러멜 시럽을 만들려면 끓인 시럽에 휘핑 크림 또는 생크림을 넣어주면 됩니다. 헤이즐넛 시럽은 볶은 헤이즐넛을 준비합니다. 준비한 헤이즐넛을 곱게 부수고 설탕과 함께 물에 넣습니다. 이때 물과 설탕은 2:1 비율로 넣고 팔팔 끓입니다. 그리고 충분히 식힌 다음 다시 한번 끓이면 끝납니다. 번거로워도 직접 만든 시럽은 시판 시럽과는 확연하게 다른 훌륭한 맛을 낸답니다.

58
달콤한 아이스 커피를 만들어 봐요

#차가운 커피 레시피 #아이스커피

사람들은 여름에 시원한 아이스 커피 음료를 많이 찾죠. 특히 달콤한 맛을 내는 아이스 카페라테, 아이스 바닐라 라테, 아이스 캐러멜 마키아토, 아이스 카페모카가 인기가 높아요. 이들의 제작 방법은 사용하는 시럽 차이가 있을 뿐 서로 비슷하답니다. 여기서는 아이스 커피 음료를 만드는 방법에 대해 알아볼게요.

먼저 아이스 카페라테에 대해서 알아볼게요. 우선 16온스 글라스를 준비하세요. 여기에 얼음을 가득 채운 후 200~250g의 우유를 붓고 에스프레소 샷을 부어 주면 완성입니다. 간단하죠.

아이스 바닐라 라테와 아이스 캐러멜 마키아토는 16온스 글라스에 시럽 3펌프, 약 30g 정도를 뿌립니다. 바닐라 라테는 카페라테 제조 방식에 바닐라 시럽만 추가한 거라 어렵지 않아요.

캐러멜 마키아토는 음료 위에 우유 거품을 올려주는 경우가 대부분입니다. 아이스 음료를 만들 때는 따뜻한 우유 거품보단 차가운 우유 거품이 좋겠죠? 음료 아래에는 달콤함을 더해 줄 바닐라 시럽을 추가하고 우유 거품 위에 캐러멜 시럽을 약 5~10g 정도 드리즐하면 완성입니다.

아이스 라테 만들기

1. 16온스 유리컵에 얼음을 가득 채운다.

2. 200~250ml 우유를 붓는다.

3. 에스프레소 샷을 부어주면 완성.

맛있는 커피 레시피!

아포카토

준비물 : 아이스크림 1스쿱, 에스프레소 1샷(30ml)

아포카토는 가정에서도 손쉽게 만들어 먹을 수 있는 커피이자 이탈리아의 대표적인 디저트예요. 시중에서 판매하는 바닐라 아이스크림 1스쿱에 에스프레소 1샷을 부어서 간단하게 만들 수 있어요. 기호에 따라 초코칩이나 견과류, 초코 소스 등을 토핑 해 먹기도 합니다. 에스프레소는 한 번에 다 부어서 마시는 경우도 있고, 조금씩 부어 녹여서 먹기도 해요. 또한 바닐라 아이스크림만 사용하지 않고 색다르게 말차 아이스크림, 호두 아이스크림 등을 이용해 만들어보는 방법도 있답니다.

아인슈패너

준비물 : 블랙 커피(콜드브루 또는 아메리카노) 150ml, 바닐라 또는 설탕 시럽 10g, 생크림 50~80g

비엔나 커피로도 불리는 아인슈패너는 쌉싸름한 블랙커피와 달콤한 크림의 조합이 잘 어울려 맛있답니다. 특히 층이 분리되어있는 상태에서 섞어먹지 않고 그냥 마시다 보면 입안에 들어오는 첫 맛과 끝 맛이 다르게 느껴져 독특하며 재밌게 마실 수 있어요. 과거에는 뜨거운 블랙커피에 차가운 크림을 올리는 방식이 유행이었다면 최근에는 차가운 블랙커피에 크림을 올리는 방식이 대중화되어 있습니다. 아래 베이스가 되는 블랙커피는 콜드브루(더치커피)를 사용하는 경우가 일반적이나, 콜드브루가 없는 경우에 아메리카노로 대체할 수 있고 드립 커피로 대신해도 맛있게 즐길 수 있어요. 또는 블랙커피만 사용하지 않고 카페라테를 베이스로 사용하기도 합니다. 위에 올라가는 크림은 가벼운 식물성 크림보다는 묵직한 동물성 크림을 추천드립니다. 때때로 카페에서는 두 가지 크림을 섞어 사용하는 경우도 있어요. 단맛이 부족한 경우에는 바닐라 시럽이나 설탕 시럽을 조금 추가해 주시면 부족한 달콤함을 보충할 수 있습니다. 기호에 따라 크림 위에 초코 파우더를 뿌려 만들기도 해요.
크림을 사용할 때 주의할 점은 크림을 개봉하고 그대로 붓는다면 무거운 크림 밀도 때문에 층이 제대로 나눠지지 않아요. 그러므로 거품기를 이용해 크림을 조금 포밍해 주신다면 더욱 완벽한 비주얼을 만들 수 있어요.

더치큐브라테

준비물 : 콜드브루 원액으로 얼린 커피 얼음 10~12개, 우유 200ml

보통의 아이스커피음료는 시간이 지남에 따라 물로 만든 얼음이 녹으며 음료가 연해지고 희석됩니다. 이러한 단점을 보완하여 나온 음료가 더치큐브라테에요. 더치큐브라테는 일반 얼음 대신 커피 얼음이 들어가 얼음이 녹더라도 음료가 연해 지지 않고 오히려 커피 맛이 살아나요. 음료를 만들려면 미리 커피 얼음을 얼려 준비해 놓아야 합니다. 커피 얼음은 에스프레소를 얼리는 경우도 있지만 깔끔한 얼음 비주얼을 위해서 콜드브루(더치커피) 원액을 얼리는 걸 추천 드려요. 단순히 커피 얼음과 우유만 들어갔을 때 바로 마신다면 커피 맛이 거의 안나고 우유만 마시는 느낌일 수 있습니다. 바로 마시면 음료에 얼리지 않은 콜드브루 원액을 추가해도 좋아요.

흑임자크림라테

준비물 : 우유 150ml, 에스프레소1샷, 흑임자 10~20g, 생크림 50g

생소할 수 있지만 검은 깨인 흑임자는 의외로 커피와 잘 어울립니다. 흑임자 크림라테를 만들 때는 산미가 적고 고소함과 달콤함이 좋은 에스프레소를 사용하는 걸 추천드려요. 흑임자 크림과 만났을 때 고소함을 두 배로 느낄 수 있을 거예요. 조금 번거로울 수 있지만 흑임자 크림을 만들 때 시중에 판매되는 베이스 제품을 쓰지 않고 직접 검은깨를 믹서기나 스푼 등으로 으깬 후 생크림, 설탕과 같이 섞어 거품기로 흑임자 크림을 만들면 더욱 맛있을 거예요. 크림 아래에는 카페라테가 베이스가 되는데, 흑임자의 고소함을 좋아하시는 분들은 으깬 흑임자와 에스프레소를 섞어 우유에 부어주시면 더욱 음료 맛이 살아난답니다. 아인슈패너와 같이 따뜻한 음료와 아이스 음료 모두 즐길 수 있어요. 크림이 없는 경우 크림을 빼고 흑임자카페라테로 마셔도 맛있습니다.

eplilog

바리스타와 커피를 다루는 일을
꿈꾸는 분들께

커피를 배우다 보면 전문적으로 시작해 보고 싶다는 욕심이 생기곤 합니다. 커피를 시작하는 길에는 다양한 경로가 있습니다. 카페 파트 타이머나 직원으로 바로 일을 배우고 시작하는 경우, 바리스타 학원에서 자격증 교육 과정을 이수하는 경우, 대학교 또는 전문학교에서 강의를 듣는 방법 등이 있습니다. 시작하는 길은 다양하지만 어떤 분들은 바리스타 자격증에 너무 열정을 쏟는 분도 많습니다. 바리스타를 하는 데 꼭 바리스타 자격증이 필요한 것만은 아닙니다. 바리스타 자격증은 국가공인자격증이 아니기 때문에 운전면허나 국가기술 면허증처럼 꼭 있어야만 일을 할 수 있는 건 아니에요. 물론 학원이나 학교에서 잘 짜인 교육 과정을 이수하고 자격증을 받는다면 커피에 대한 올바른 배움을 얻게 되고 일을 시작하면서 이해도 쉽고 습득력도 빠를 거예요. 하지만 필요 이상으로 너무 많은 시간과 금액을 투자하는 건 추천드리지 않습니다.

커피는 경험이 중요해요. 다양한 카페에서 여러 종류의 커피를 마셔보고 바리스타와 대화해 보고 유익한 세미나 등이 있다면 아끼지 말고 투자하세요. 스스로의 고찰로 이루어지는 배움보다는 다양한 바리스타, 로스터들과 공유하며 성장하는 게 바람직합니다. 커피를 많이 마시고 자주 다루다 보면 나만의 취향을 찾게 되고 옳고 그름의 기준이 생길 수 있습니다. 너무 닫힌 사고를 가지지 말고 새로운 정보나 내가 알고 있던 것과 다른 부분이 나왔을 때 경청하고 관심을 가지는 태도 또한 중요합니다. 이러한 태도로 커피를 만난다면 앞으로의 성장의 큰 밑거름이 되고 입체화된 시각을 가지며 커피를 다루는 행복한 삶에 원동력이 될 것입니다.

홈카페로 더 싸고 맛있게
커피
즐기는 비결